Albina Muradymova

Gitarrenunterricht für Anfänger

VIDEO UND AUDIO

Gitarre spielen für Kinder, Jugendliche und Erwachsene, 50 Lieder

ISBN 978-1962612036
Open White Book

Hinweise auf Tippfehler, Irrtümer, Ungenauigkeiten und Vorschläge zur
Verbesserung der Qualität nehmen wir gerne entgegen unter:
avgustaudartseva@gmail.com

INHALT

Einführung

Hallo mein Freund!

Herzlichen Glückwunsch zum Kauf dieses Buches! Wenn Sie sich dazu entschieden haben, Gitarre spielen zu lernen, aber wenig Zeit zur Verfügung haben, haben Sie sich für das richtige Buch entschieden!

Dieses Selbstlernprogramm wird Ihnen dabei helfen, das Instrument schnell und mühelos zu erlernen. Alles, was Sie brauchen, ist ein starker Wille und etwas Einsatz. Befolgen Sie die Lektionen, üben Sie regelmäßig und Sie werden definitiv Erfolg haben!

Los geht's!

Albina Muradymova

TEIL EINS

Über die Gitarre

Die Gitarre ist von allen Musikinstrumenten nach wie vor eines der beliebtesten. Wenn Sie sich entschieden haben, das Spielen zu erlernen, wissen Sie wahrscheinlich bereits viel darüber.

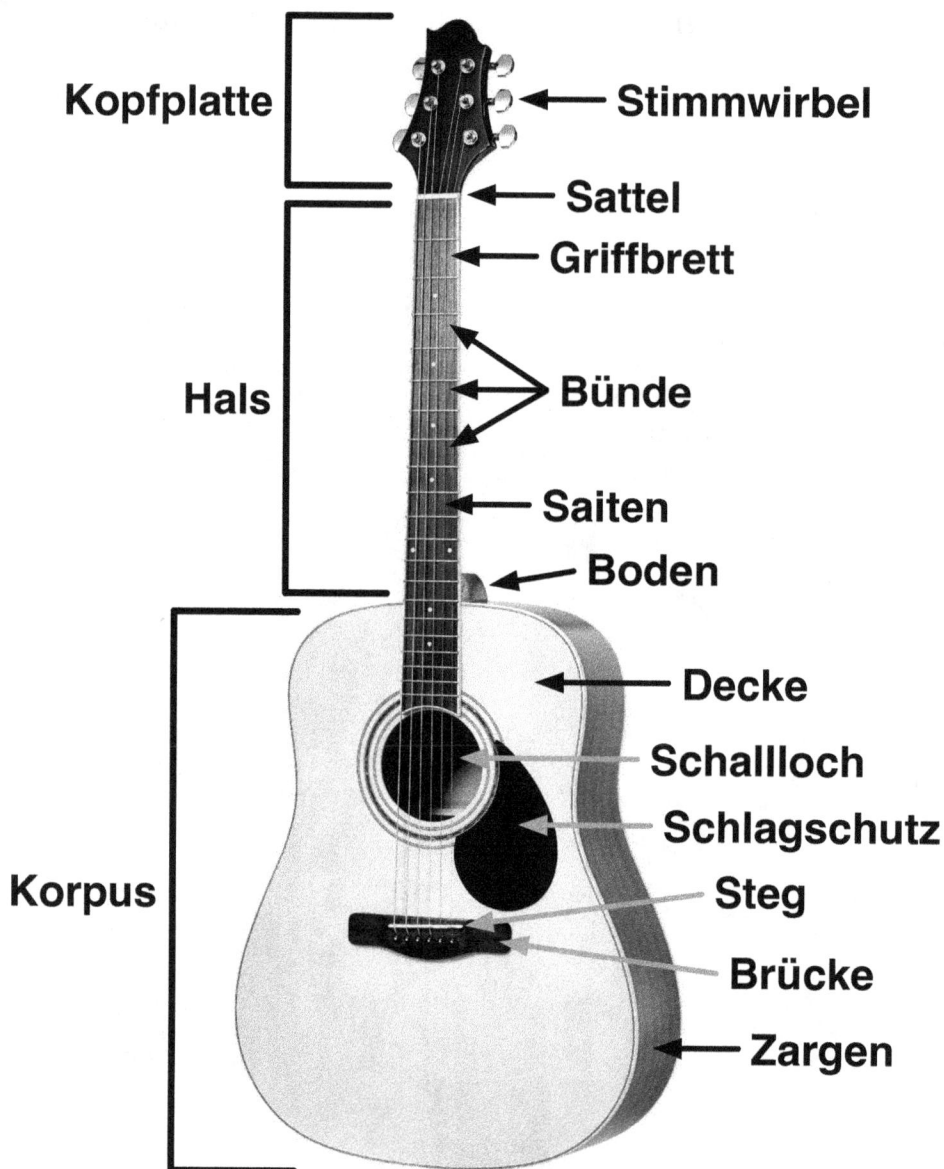

Kopfplatte   **Stimmwirbel**

Sattel

Griffbrett

Hals   **Bünde**

Saiten

Boden

Decke

Schallloch

Schlagschutz

Korpus   **Steg**

Brücke

Zargen

Die Gitarre ist ein Saiten-Zupfinstrument. Der Klang wird durch schwingende Saiten erzeugt und der hohle Korpus dient als Resonanzkörper.

Die Gitarre ist in ihrer Grundform ein uraltes Instrument und ihr Design ist bereits bis ins kleinste Detail durchdacht.

Die Kopfplatte des Griffbretts enthält einen Wirbelmechanismus.

Bei den Stimmwirbeln oder Stimmmechaniken handelt es sich um kleine Mechanismen zur Regulierung der Saitenspannung. Wirbel gibt es an jedem Saiteninstrument, das gestimmt werden muss.

Metallstreifen am Griffbrett der Gitarre unterteilen das Griffbrett in feste Segmente, sie werden Bünde genannt. Durch Niederdrücken der Saite an einem bestimmten Bund erhalten wir eine andere Tonhöhe.

Der Korpus der Gitarre besteht aus Decke und Boden – den flachen Teilen der Gitarre, die durch die Zarge miteinander verbunden sind, was dem Instrument eine schöne Rundung verleiht.

Das Schallloch (oder die Schallkammer) im Korpus einer Gitarre wird benötigt, um den Klang der Saiten zu verstärken. Es wird gelegentlich auch als Rosette bezeichnet.

Traditionell wird das Instrument aus verschiedenen Holzarten hergestellt. Die Saiten können entweder aus Nylon oder Metall sein.

Die wichtigsten Gitarrentypen, denen Sie begegnen werden, sind: *klassisch (Konzert-), Akustik- (Western-), elektrisch.*

Die klassische sechssaitige Gitarre hat normalerweise Nylonsaiten und ein breiteres Griffbrett. Sie ist am besten für Anfänger geeignet. Sie ist einfacher zu spielen und auch einfacher zu erlernen.

Die Akustikgitarre hat einen schwereren Korpus, Metallsaiten und ein schmales Griffbrett und kann entweder mit den Fingern oder mit einem Plektrum gespielt werden – einem kleinen dreieckigen Kunststoffstück, mit dem die Saite angeschlagen wird, wodurch sie vibriert und einen Klang erzeugt.

Die E-Gitarre kann nur mit Hilfe eines Verstärkers einen Klang erzeugen. Da hierfür umfangreichere Fähigkeiten erforderlich sind, empfiehlt es sich für Anfänger, zunächst die klassische Gitarre zu beherrschen. Dieses Wissen dient als solide Grundlage für das Erlernen der E-Gitarre.

Gitarrengrößen und Instrumentenauswahl

1/4   **1/2**   **3/4**   **4/4**

Um die passende Größe der Gitarre zu bestimmen, sollten Sie Ihr Alter, Ihre Körpergröße und die Größe Ihrer Handflächen berücksichtigen. Klassische Gitarren zeichnen sich vor allem durch ihre Größe aus. Es gibt sie in Kinder- und Erwachsenengrößen.

- **1/4** – eine 23 Zoll lange Gitarre für Kinder ab einer Körpergröße von 100 cm. Sie ist für Kinder im Alter von drei bis sechs Jahren geeignet.
- **1/2** – eine 34 Zoll lange Gitarre für Kinder im Alter von 6 bis 8 Jahren. Sie hat eine ausgeprägtere untere Lage und der Klang ist leicht gedämpft.
- **3/4** – eine 36 Zoll lange Gitarre für Kinder bis 10 Jahre.
- **4/4** – die Standardgitarre in voller Größe, die für Jugendliche und Erwachsene geeignet ist. Sie hat einen vollen Klang.

Es ist sehr wichtig, das richtige Instrument auszuwählen. Dies macht die Hälfte des Erfolgs aus. Im Internet findet man viele Ratschläge zur Auswahl einer Gitarre, ich möchte jedoch zwei Hauptkriterien hervorheben.

Zunächst einmal sollte Ihnen die Gitarre, die Sie kaufen, gefallen, sodass sie sich in Ihren Händen „wie zu Hause" anfühlt. Da Sie eine ganze Weile darauf spielen werden, sollten Sie sie sorgfältig auswählen. Je mehr Sie üben, desto schneller werden Sie Erfolge sehen. Auf einer Gitarre, die Ihnen nicht gefällt, werden Sie nicht annähernd so viel üben.

Zweitens sollte die Gitarre von der Größe her zu Ihnen passen; sie sollte weder zu groß noch zu klein sein. Nehmen Sie sie in die Hand und drücken Sie die Saiten. Das Griffbrett sollte gut in der Hand liegen und die Saiten nicht zu schwer zu greifen sein. Für einen Gitarrenanfänger würde ich Nylonsaiten empfehlen, da diese weicher sind und weniger Schmerzen in den Fingern verursachen. Dies ist jedoch nur eine Empfehlung. Die Wahl liegt bei Ihnen. Vielleicht macht es Ihnen Spaß, Metallsaiten zu greifen und eine Akustikgitarre zu spielen.

Das Fazit lautet: Wählen Sie persönlich ihre Gitarre aus und bekommen Sie ein Gefühl für das Instrument.

Die Gitarre halten

Sie haben also den ersten Schritt getan – Sie haben sich für die Gitarre entschieden, die Ihr langjähriger „Freund" werden soll und Ihnen beim Meistern des Instruments helfen wird.

Jetzt lernen wir, wie man sie hält.

1. Wenn Sie im Sitzen spielen, setzen Sie sich am besten auf einen festen Stuhl ohne Armlehnen und mit gerader Rückenlehne.
2. Das Griffbrett der Gitarre sollte sich in Ihrer linken Hand befinden.
3. Die Gitarre sollte nicht nach unten zeigen; ihr Griffbrett sollte immer etwas höher als der Korpus zeigen.
4. Die rechte Hand ruht quasi auf dem gebogenen Teil des Gitarrenkorpus. Der Gitarrenkorpus wird leicht an die Brust gedrückt.
5. Sie haben die Wahl, auf unterschiedliche Weise zu sitzen: mit überschlagenen Beinen, mit beiden Füßen auf dem Boden, oder ganz klassisch mit einer Fußstütze. Wenn Sie die Beine überschlagen oder beide Füße auf

dem Boden stehen, ruht die Innenkurve der Gitarre auf Ihrem Bein.

6. Der rechte Arm berührt mit der Ellenbogenbeuge den Korpus der Gitarre und sollte sich beim Spielen frei und leicht bewegen können. Üben Sie, den Arm in dieser Position zu bewegen. Der Arm sollte sich wie ein Pendel anfühlen. Ihr Handgelenk sollte entspannt sein und eine lockere Drehbewegung ausführen. Sie sollten die Saiten über oder knapp unterhalb der Rosette anschlagen.

7. Beim Spielen sollte die linke Hand das Griffbrett umfassen. Der Daumen wird parallel zum Bund auf der Rückseite des Griffbretts platziert. Es sollte nicht über das Griffbrett hinausragen und irgendwo in der Mitte positioniert werden. Der Daumen bietet die nötige Unterstützung und hilft den anderen vier Fingern, die Saiten festzuhalten. Die anderen Finger stehen senkrecht zum Griffbrett. Achten Sie darauf, dass die Finger beim Drücken nicht die benachbarten Saiten berühren.

8. Ein häufiger Anfängerfehler besteht darin, den Gitarrenkorpus zu sich selbst zu neigen. Dies ist nicht sinnvoll, da Sie sich beim Spielen nicht wohl fühlen werden. Ihr Rücken wird belastet, die Muskeln werden angespannt und die Klangqualität wird beeinträchtigt, da Ihre linke Hand die Saiten weder gut greifen noch gut halten kann.

9. Halten Sie den Gitarrenkorpus aufrecht, etwa parallel zum Boden.

10. Machen Sie sich keine Sorgen, wenn es nicht gleich klappt und sich Ihre Finger ungelenk anfühlen. Das passiert jedem Gitarrenanfänger. Ihre Finger brauchen Zeit, um sich daran zu gewöhnen und stärker zu werden. Mit der Zeit werden Sie lernen, sie mit Geschick und Leichtigkeit zu kontrollieren.

Am häufigsten wird mit überschlagenen Beinen und in normaler Haltung gespielt. Die klassische Position mit Fußstütze wird seltener verwendet, gewöhnlich beim Solospiel.

Wenn Sie im Stehen spielen, wird ein Gurt getragen, der die Gitarre in Ihren Händen stützt.

Gitarrenstimmung

Bei der Stimmung einer Gitarre handelt es sich um die Einstellung der Tonfrequenz der offenen Saiten. Die Standardstimmung einer sechssaitigen Gitarre sieht so aus: **E - B** (H*) **- G - D - A - E,** beginnend bei der dünnsten zur dicksten Saite.

---

* In Deutschland haben wir einen Ton H (also eine Note H). Aber im Rest der Welt hat er einen anderen Namen: B. Den Ton B gibt es in Deutschland auch, aber er ist einen halben Ton tiefer als unser Ton H. In der Welt heißt unser Ton B = B♭. **Deutschland: H und B. Welt: B und B♭.**

In diesem Buch verwenden wir die internationale Notation der Noten. Wenn es für Sie ungewohnt ist, können Sie die deutsche Bezeichnung verwenden und die internationale durchstreichen.

Üblicherweise werden die Saiten 4 bis 6 als „Bass"- oder „tiefe" Saiten bezeichnet, während die Saiten 1–3 als „hohe" Saiten bezeichnet werden, auch wenn sie tiefer auf der Gitarre liegen als die Basssaiten.

Gitarrensaiten und ihre entsprechenden Noten:

Saite	Note
1.	E
2.	B (H)
3.	G
4.	D
5.	A
6.	E

Die dünnste Saite ist die erste Saite, die gestimmt wird. Wir verwenden sie als Ausgangspunkt für das Stimmen der anderen Saiten.

Der einfachste Weg für einen Anfänger, eine Gitarre zu stimmen, ist die Verwendung eines digitalen oder eingebauten Stimmgeräts.

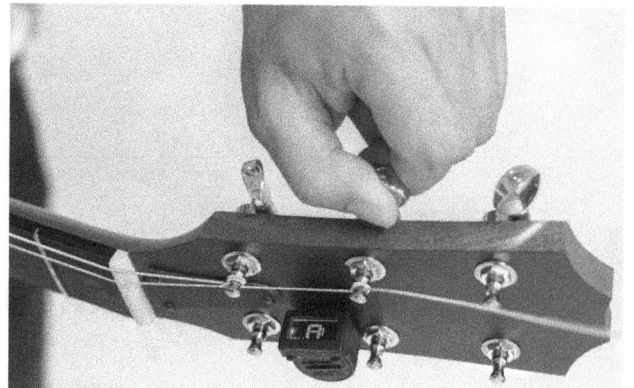

Es gibt viele mobile Apps oder Online-Stimmgeräte. Ein integriertes Stimmgerät ist entweder in die Gitarre eingebaut oder wurde separat erworben und an der Gitarre befestigt. Die Funktionsweise der Stimmgeräte ist identisch.

Mithilfe des eingebauten Mikrofons erkennt das Stimmgerät die Tonhöhe jeder Saite und teilt Ihnen mit, ob Sie sie lockern oder spannen müssen.

Starten Sie die App oder öffnen Sie das Online-Stimmgerät auf Ihrem Handy und schlagen Sie dann mit einem beliebigen Finger der rechten Hand die erste Saite an. Das Stimmgerät teilt Ihnen mit, ob Sie die Saite spannen oder lockern müssen, indem Sie den entsprechenden Wirbel im oder gegen den Uhrzeigersinn drehen.

Schauen Sie sich das Video an, in dem gezeigt wird, wie ich es mache.

Beachten Sie, dass beim Stimmen der ersten Saite auf dem Bildschirm des

Stimmgeräts der Buchstabe **E** angezeigt werden sollte. Dies ist die gewünschte Tonhöhe. Und so bewegen Sie sich Schritt für Schritt durch alle Saiten.

Die zweite Saite ist das **B** (H).

Die dritte Saite ist das **G.**

Die vierte Saite ist das **D.**

Die fünfte Saite ist das **A.**

Die sechste Saite ist ebenfalls ein **E,** allerdings klingt dieses **E** tiefer.

Wenn Ihre Gitarre neu ist oder neue Saiten hat, müssen Sie die Gitarre häufiger stimmen, bis die Saiten die nötige Spannung erreicht haben und sich nicht mehr dehnen.

Eine kleine Musiktheorie

Das vorherige Kapitel befasste sich mit dem Gitarrenstimmen, was bei Ihnen möglicherweise viele Fragen zu musikalischen Klängen aufkommen ließ. Lassen Sie uns in diesem Kapitel darüber sprechen.

Wenn Sie im vorherigen Kapitel alles richtig gemacht haben, sollte Ihre Gitarre gestimmt sein. Mit diesen Tönen sind Sie bereits vertraut:

E - B (H) **- G - D - A - E.**

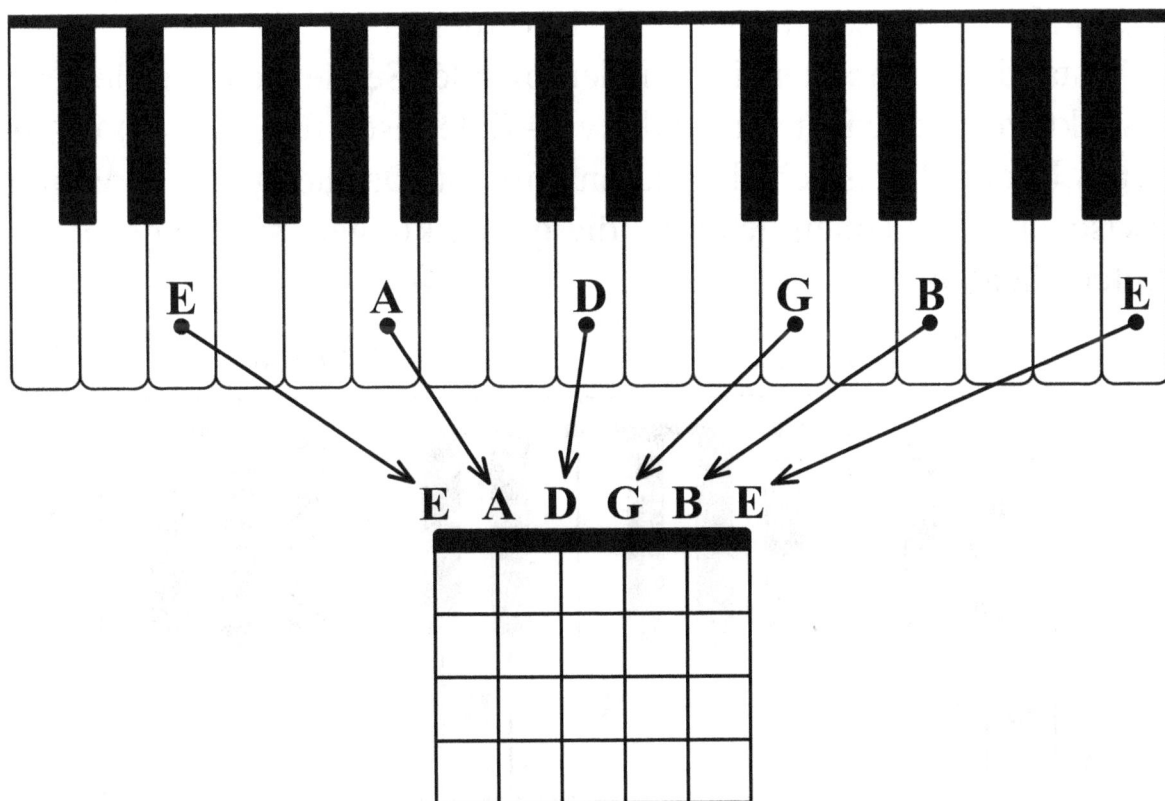

In der Musik gibt es sieben Grund-töne: **C D E F G A B.** Jeder dieser Töne ist eine Tonhöhe in einer fortlaufenden Tonleiter. Sie werden von unten nach oben aufsteigend angeordnet und ge-spielt, ähnlich einer Leiter. Diese Se-quenz wird mehrmals wiederholt – auf diese Weise entstehen 88 Töne. Diese Töne werden in einem Notensystem notiert – fünf Linien, auf denen die No-ten platziert sind – **C, D, E, F, G, A , B.** Und so weiter.

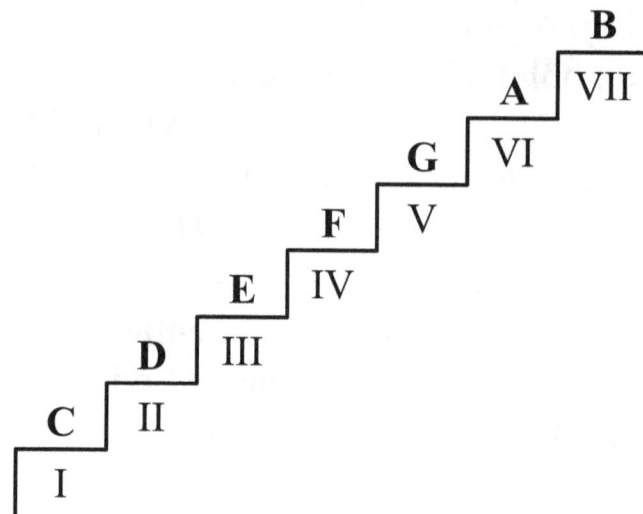

B
A VII
G VI
F V
E IV
D III
C II
I

C D E F G A B

Die Noten sehen wie Ovale aus, die auf und zwischen den Linien liegen. Jede Note hat ihren eigenen Platz im Notensystem. Um Noten lesen oder auf einem Instrument spie-len zu können, sollten Sie wissen, auf wel-cher Zeile eine bestimmte Note sich befindet.

Wenn Sie tiefer in das Notenlesen eintauchen möchten, können Sie sich mit diesem Thema separat beschäftigen. In diesem Buch berühre ich nur einen Teil der Musiktheorie. Wie bereits weiter vorne erwähnt, gibt es in der Musik nur sieben Grundtöne, die ständig wiederholt werden.

Der Abstand benachbarter sich wiederholender Sequenzen von sieben Noten wird als Oktave bezeichnet. Eine Oktave – (lateinisch für „*Achte*") ist ein mu-sikalisches Intervall, das acht Tonstufen umfasst. Das heißt, ein Oktavintervall wird zwischen zwei Tönen gebildet, die gleich klingen, sich aber in der Ton-höhe unterscheiden.

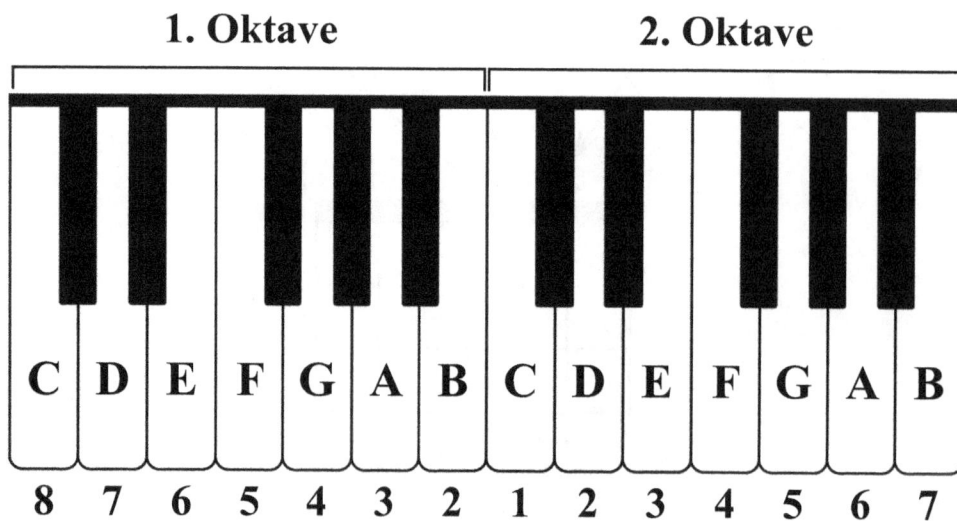

1. Oktave   **2. Oktave**

C D E F G A B C D E F G A B

8 7 6 5 4 3 2 1 2 3 4 5 6 7

Wenn Sie sich eine Klaviertastatur ansehen, werden Sie neun Oktaven entdecken. Jede hat ihren eigenen Namen, der sich auf die Klänge bezieht, aus denen diese Oktave besteht: Subkontraoktave (unvollständig), Kontraoktave, große Oktave, kleine Oktave, eingestrichene Oktave, zweigestrichene Oktave, dreigestrichene Oktave, viergestrichene Oktave und fünfgestrichene Oktave (unvollständig).

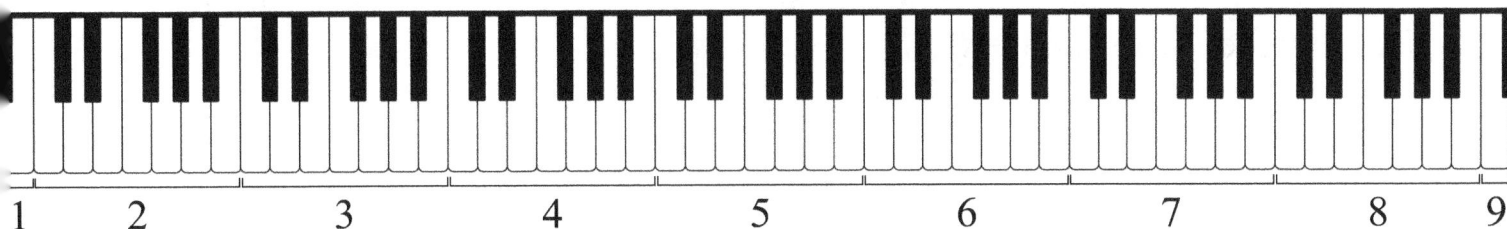

1. Subkontraoktave (unvollständig)
2. Kontraoktave
3. große Oktave
4. kleine Oktave
5. eingestrichene Oktave
6. zweigestrichene Oktave
7. dreigestrichene Oktave
8. viergestrichene Oktave
9. Fünfgestrichene Oktave (unvollständig)

Die Gitarre hingegen umfasst nur vier Oktaven: die große, die kleine, die eingestrichene und die zweigestrichene Oktave. Aber denken Sie daran: Wenn Sie vorhaben, Gitarrennoten zu lesen, sind die Noten eine Oktave höher notiert! Das heißt, in den Gitarrennoten werden eigentlich die kleinen, eingestrichenen, zweigestrichenen und dreigestrichenen Oktaven dargestellt.

Eine Oktave besteht aus zwölf Halbtönen (oder Halbtonschritten).

Ein Halbton ist der kleinste Abstand zwischen zwei Tönen. Wenn Sie sich eine Klaviertastatur noch einmal ansehen, werden Ihnen schwarze und weiße Tasten auffallen. Der Abstand zwischen einer schwarzen und einer weißen Taste wird Halbton genannt, der kleinste Abstand zwischen den Tönen.

Zwei Halbtöne ergeben einen Ganzton (oder einen Ganztonschritt).

Bei einer Gitarre ist das Griffbrett in Abschnitte unterteilt. Der Abstand zwischen zwei Bünden beträgt einen Halbton. Wenn wir die Saite auf jedem Bund gedrückt halten und auf dem Griffbrett nach oben wandern, steigt die Tonhöhe um einen Halbton. Um diesen Anstieg der Tonhöhe anzuzeigen, verwenden wir das Kreuzvorzeichen (♯).

Um den Ton um einen Halbton abzusenken, verwendet man das ♭-Vorzeichen. Das heißt, wenn Sie sich auf dem Griffbrett nach unten bewegen, wird die Tonhöhe mit jedem Bund allmählich tiefer.

Diese Vorzeichen werden Ihnen später auch in Akkordsymbolen begegnen.

Jede Oktave beginnt mit der Note C, gefolgt von C♯, D, D♯, E, F, F♯, G, G♯, A, A♯, B.

Bei der umgekehrten Abwärtsbewegung wird das Vorzeichen (♭) verwendet, um die Absenkung der Tonhöhe anzuzeigen.

Interessant ist, dass C♯ und D♭ tatsächlich denselben Klang erzeugen. Obwohl sie unterschiedlich geschrieben sind, klingen sie gleich.

Deshalb findet man in Gitarrenakkorden oft Akkordsymbole, die nur das Kreuzzeichen (♯) enthalten.

C♯ = D♭,

D♯ = E♭,

F♯ = G♭,

G♯ = A♭,

A♯ = B♭.

Die Standardstimmung einer klassischen Gitarre sieht so aus:

E - B - G - D - A - E.

Saite	Tonhöhe	Oktave
1	E	Eingestrichen
2	B	Klein
3	G	Klein
4	D	Klein
5	A	Groß
6	E	Groß

Alle diese Noten liegen innerhalb unterschiedlicher Oktaven, und das **E** wird zweimal in verschiedenen Oktaven wiederholt. Die Noten liefern uns unterschiedliche Tonhöhen. Beispielsweise ist die dünnste Saite auf die Tonhöhe **E** der eingestrichenen Oktave und die dickste sechste Saite ist auf die Tonhöhe **E** der großen Oktave gestimmt. Diese klingt viel tiefer als die erste Saite, da sie unterschiedliche Oktaven und Register haben. Die dicke sechste Basssaite **E** befindet sich im unteren Register der großen Oktave und die erste dünne **E**-Saite befindet sich im mittleren Register der eingestrichenen Oktave.

Große Oktave　　　　Kleine Oktave　　　Eingestrichene Oktave

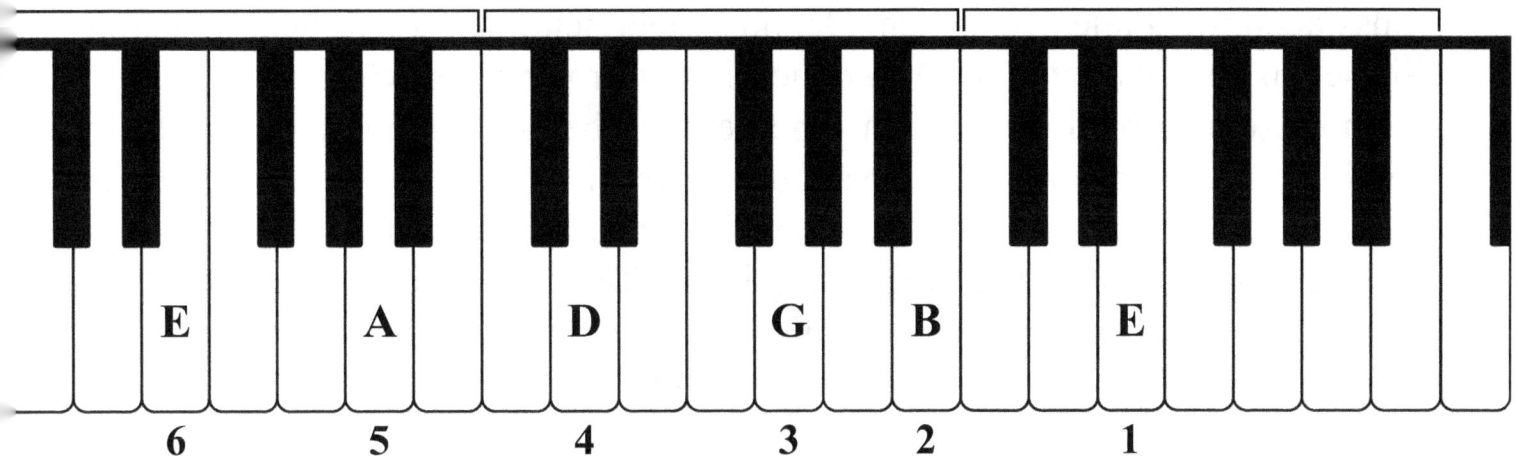

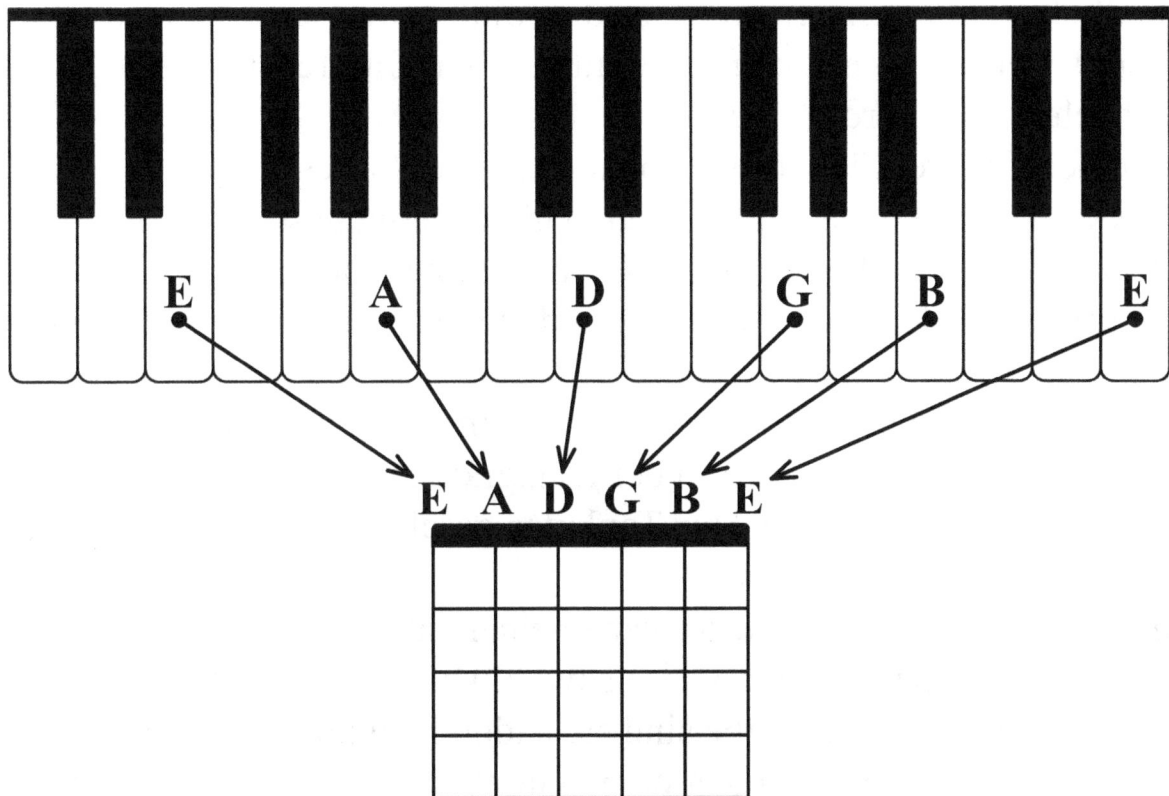

E　A　D　G　B　E

6　5　4　3　2　1

E　A　D　G　B　E

E A D G B E

Akkorde auf der Gitarre

Im vorherigen Kapitel haben Sie sich intensiv mit der Musiktheorie beschäftigt. Es mag recht anschaulich erscheinen, aber es braucht viel Zeit, um die Noten, die musikalische Notation und die Intervalle richtig zu verstehen.

Der Zweck dieses Buches besteht jedoch darin, Ihnen beizubringen, wie Sie Harmonien und Akkorde spielen und sich auf der Gitarre begleiten, unabhängig davon, ob Sie eine Note von einer anderen unterscheiden können oder nicht.

Ein Gitarrenanfänger muss nicht unbedingt wissen, wie man Noten liest und muss auch nicht alles verstehen. Dennoch habe ich mich damit befasst, damit Sie schon ein wenig von der Musiktheorie besser verstehen können.

In diesem Kapitel erzähle ich Ihnen etwas über Akkorde und wie man sie spielt. Das Spielen von Akkorden auf der Gitarre ist viel schneller und einfacher zu erlernen, als man denkt. Es ermöglicht Ihnen, sich selbst zu begleiten und gleichzeitig zu singen. Die Begleitung ist ein Teil des musikalischen Gefüges, das für die rhythmische und harmonische Unterstützung sorgt. Normalerweise unterstützt die Begleitung die Stimme oder ein Soloinstrument.

Ein Akkord ist eine zeitgleiche Verknüpfung von drei oder mehr Tönen unterschiedlicher Höhe. Um einen Akkord zu bilden, müssen drei oder mehr Töne kombiniert werden. Wenn man die Saiten einer Gitarre gleichzeitig gedrückt hält, entsteht ein Akkord.

Auf einer Gitarre können wir sogar nur zwei Saiten gedrückt halten, und einen Akkord erhalten, da wir alle Saiten gleichzeitig anschlagen können, auch die offenen. Auf diese Weise entsteht ein Zusammenklang, d. h. ein Akkord. Wir spielen also Akkorde, indem wir bestimmte Saiten der Gitarre gedrückt halten.

Grundakkorde können in zwei Gruppen eingeteilt werden: **Dur und Moll.** Sie unterscheiden sich zunächst in der Klangfarbe, d. h., in der Stimmung.

Dur-Akkorde und in einer Dur-Tonleiter geschriebene Lieder klingen sehr optimistisch und recht fröhlich.

Moll-Akkorde und Moll-Lieder haben einen düstereren Ton.

In Liedern kommen üblicherweise sowohl Dur- als auch Moll-Akkorde vor. Abgesehen von ihrer Klangfarbe sind sie dadurch zu unterscheiden, dass Moll-Akkorde im Akkordnamen neben dem Hauptbuchstaben den Kleinbuchstaben m haben. Dur-Akkorde haben keinen solchen Buchstaben im Akkordnamen. Beispielsweise ist ein Am-Akkord ein Moll-Akkord mit einem charakteristischen Klang, während ein C-Akkord ein Dur-Akkord ist.

- A, B, C, D, E, F, G sind allesamt Dur-Akkorde.
- Am, Bm, Cm, Dm, Em, Fm, Gm sind Moll-Akkorde.
- A7, B7, C7, D7, E7, F7, G7 werden Septakkorde genannt. Vereinfacht ausgedrückt: Diese Akkorde klingen schöner, weil sie mehr Noten enthalten.

Es gibt noch andere Zahlen, die ebenfalls zur Bezeichnung von Akkorden verwendet werden. Dabei handelt es sich um Varianten komplexer Akkorde, die mehr Noten enthalten. Sie haben eine ausgefeiltere Harmonie.

Sie werden auf diese Art von Notationen stoßen, aber es gibt noch weitaus mehr. Für diejenigen unter Ihnen, die sich nicht mit Musiktheorie auskennen und Schwierigkeiten haben, all diese Akkorde zu bilden, wurden die Akkordtabellen erfunden, um den Umgang mit der Gitarre zu erleichtern.

Akkordgriffe

Unter Fingersatz versteht man die Anordnung, in der die Finger auf dem Griffbrett der Gitarre platziert werden. Es erleichtert das Spielen und hilft außerdem dabei, die Saiten der Gitarre richtig zu greifen.

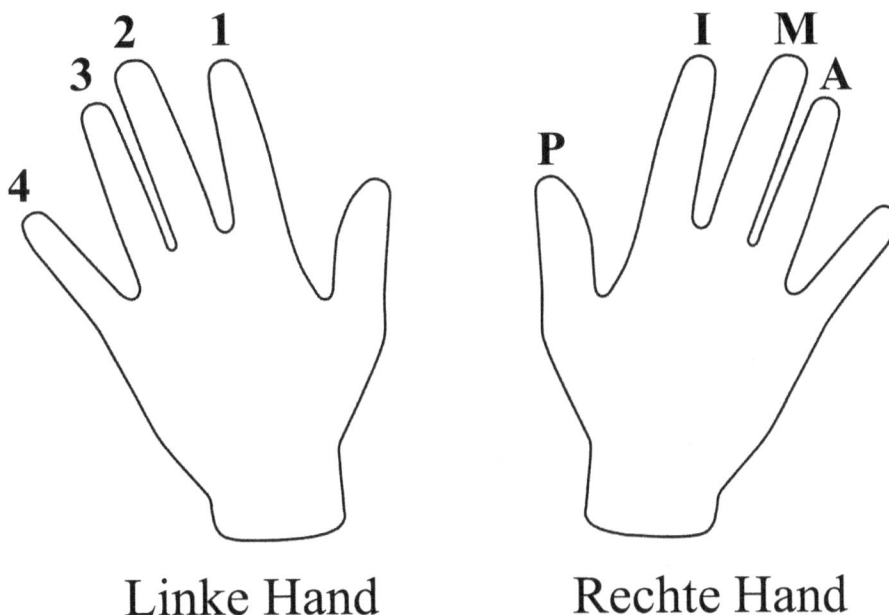

Linke Hand   Rechte Hand

Schauen Sie sich das Bild an, auf dem die linke und die rechte Hand zu sehen sind. Die Namen der Finger an jeder Hand sind unterschiedlich.

Zum Drücken dient die linke Hand, also die Finger, mit denen wir die Saiten auf dem Griffbrett der Gitarre greifen. Sie sind in der Regel mit Nummern gekennzeichnet.

1 - index (Zeigefinger)

2 - middle (Mittelfinger)

3 - ring finger (Ringfinger)

4 - little finger (kleiner Finger).

Der Daumen ist nicht nummeriert, da er als Stütze dient und den anderen Fingern hilft, die Saiten festzuhalten, indem er Druck von der gegenüberliegenden Seite des Griffbretts erzeugt.

Die Bezeichnungen der Finger der rechten Hand leiten sich von den spanischen Namen ab.

P - pulgar
I - indice
M - medio
A - anular

Für die Akkordfolge benötigen wir die linke Hand. Daher kehren wir etwas später zum Fingersatz der rechten Hand zurück.

Es gibt einige Akkorde, die sehr häufig vorkommen. Sie werden als offene Akkorde bezeichnet und werden innerhalb der ersten drei Bünde gespielt. Es gibt nur vier Finger, die die Saiten greifen können, aber es gibt sechs Saiten. Aus diesem Grund gibt es in den Grundakkorden offene Saiten (Leersaiten). Viele bekannte Lieder können mit nur 3-4 dieser Akkorde erlernt werden.

Hier sind einige der gebräuchlichsten Akkorde. Sie können sich vorerst mit ihnen vertraut machen. Wir beginnen nach und nach mit den einfachsten Akkorden.

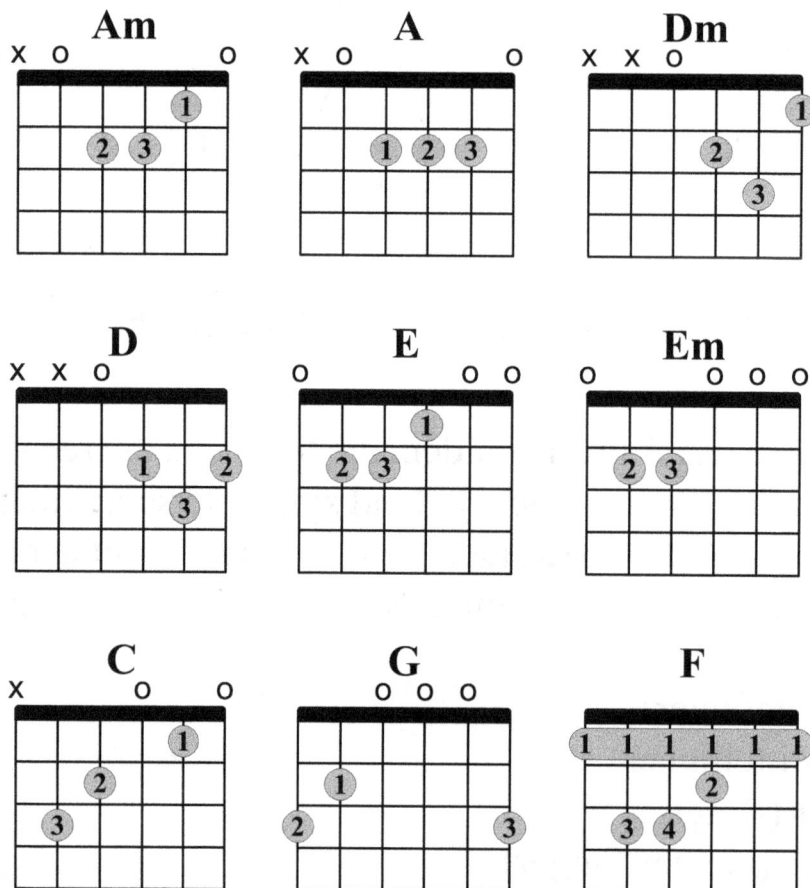

Regeln zum Lesen von Akkorden

Damit Sie einen Akkord richtig lesen und spielen können, müssen Sie sich mit einigen Grundlagen vertraut machen.

1. Ein Akkord wird auf einer so genannten Akkordtabelle notiert. Dies ist eine schematische Darstellung eines Teils des Griffbretts.

Wie Sie sehen können, ist das Bild so positioniert, als ob das Griffbrett senkrecht zu uns stünde.

Oben befindet sich der Sattel - das kleine, hervorstehende Teil, das am Anfang des Halses sitzt. Die vertikalen Linien stellen die Saiten dar und die horizontalen Linien die Bünde, die das Griffbrett der Gitarre unterteilen. Die Saiten sind von rechts nach links nummeriert, wobei die dünnste erste Saite rechts und die dickste sechste Basssaite links liegt. Der Name des Akkords wird oben angezeigt.

Manchmal wird die Akkordtabelle horizontal angezeigt. In diesem Fall sind die Saiten horizontal und die Bünde vertikal dargestellt. Sie können die dicke Linie, die den Sattel darstellt, als Orientierungshilfe verwenden und von dort aus mit dem Zählen der Bünde beginnen.

Wie man Akkordgriffe liest

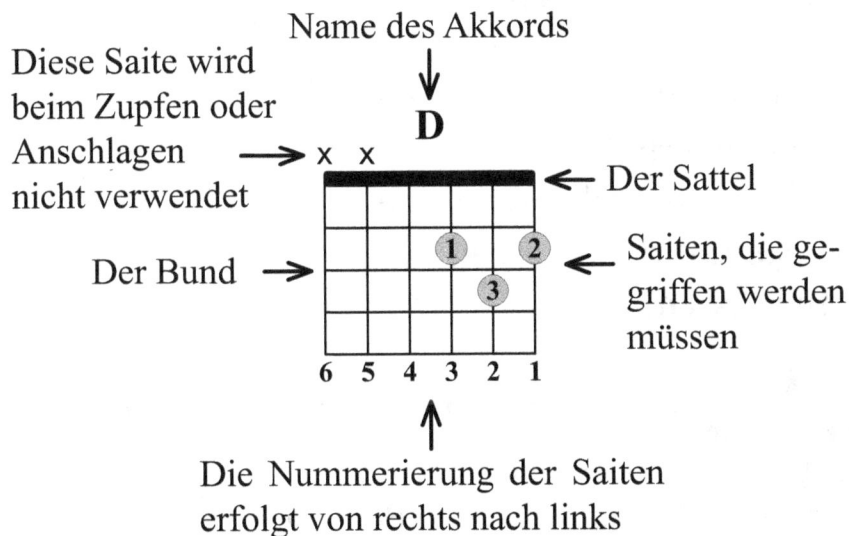

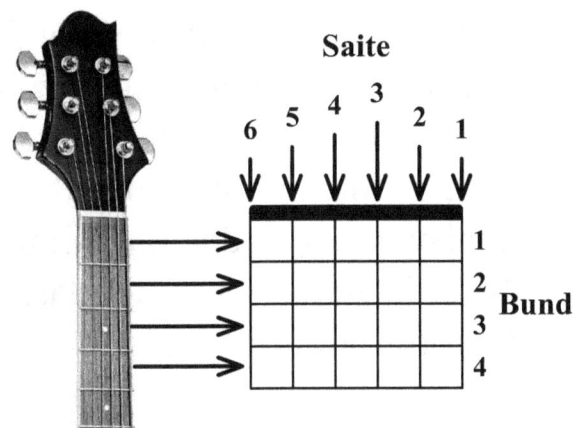

Diese Saite wird beim Zupfen oder Anschlagen nicht verwendet

Name des Akkords

Der Bund

Der Sattel

Saiten, die gegriffen werden müssen

Die Nummerierung der Saiten erfolgt von rechts nach links

Saite

Bund

2. Die dunklen Kreise, die Sie auf den Saiten selbst sehen, geben die Stelle und den Bund an, an dem die Saite gedrückt werden muss. Die Zahlen innerhalb der Kreise geben den Fingersatz an, d. h. mit welchen Fingern wir diesen oder jenen Akkord greifen müssen.

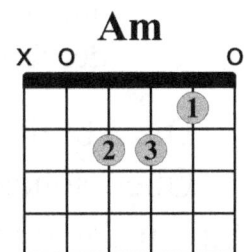

Am

3. Bei manchen Akkorden kommt die sogenannte Barré-Technik zum Einsatz. Das bedeutet, dass der Zeigefinger mehrere Saiten auf einem einzigen Bund festhält. Dadurch ändert sich die Tonhöhe dieser Saiten und mit den anderen Fingern halten wir weitere Saiten gedrückt. Auf diese Weise entsteht ein Barré-Akkord. Auf einer Gitarrentabelle wird ein Barré-Akkord auf unterschiedliche Weise angezeigt: Entweder durch einen Bogen, der die Anzahl der Saiten angibt, die der Zeigefinger gedrückt halten soll, oder durch eine dicke Linie, die anzeigt, dass der Zeigefinger auf allen Saiten liegt.

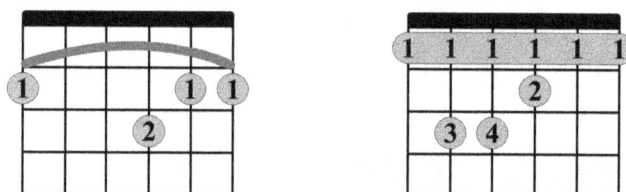

4. Manchmal findet man im Akkorddiagramm Kreuze und leere Kreise oberhalb des Sattels. Kreuze oben weisen darauf hin, dass diese Saiten nicht gespielt werden sollten. Wenn möglich, sollten Sie diese Saiten beim Spielen nicht mit den Fingern berühren. Leere ungefärbte Kreise zeigen offene Saiten an, d. h. diese Saiten sollten nicht festgehalten und daher "offen" gespielt werden.

5. Nicht alle Akkorde basieren auf dem ersten Bund. Um einen bestimmten Akkord auf dem Griffbrett der Gitarre zu markieren und dann leicht zu finden, sehen wir links neben der Tabelle, in der der Akkord selbst abgebildet ist, römische Ziffern. Sie kennzeichnen die Bundnummern. Wenn Sie beispielsweise bei der Sattellinie beginnen und die römische Ziffer V sehen, bedeutet das, dass Sie mit dem Aufbau des Akkords am fünften Bund beginnen müssen.

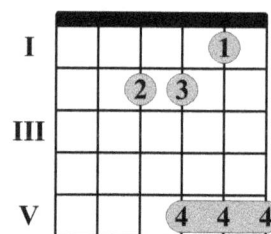

Der Mittelfinger liegt auf dem zweiten Bund der vierten Saite

Der Ringfinger liegt auf dem dritten Bund der fünften Saite

→ Diese Saiten werden offen gespielt

Der Zeigefinger liegt auf dem ersten Bund der zweiten Saite

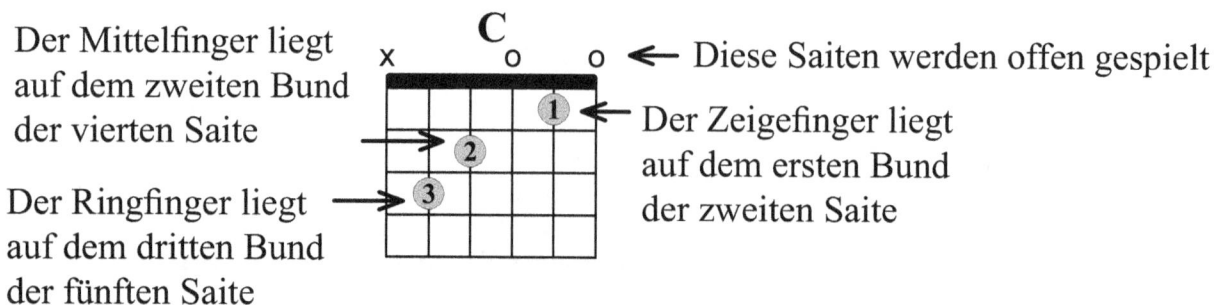

Die Abbildung zeigt einen C-Akkord (oder C-Dur-Akkord).

Oben sehen Sie den Namen des Akkords, die vertikalen Linien stellen die Saiten dar und die horizontalen Linien sind die Bünde. Am ersten Bund wird die zweite Saite gedrückt. Sie sollten hierfür den Zeigefinger verwenden. Der

Mittelfinger hält die vierte Saite am zweiten Bund gedrückt.

Und der Ringfinger hält die fünfte Saite am dritten Bund. Dieser Akkord erscheint Ihnen anfangs vielleicht schwierig, da er das Strecken der Finger erfordert. In der Regel sind die Finger der linken Hand nicht so beweglich wie die Finger der rechten Hand. Machen Sie sich also keine Sorgen, wenn Sie diesen Akkord nicht auf Anhieb hinbekommen. Wir beginnen mit einfacheren Akkorden und kommen etwas später auf diesen Akkord zurück.

Akkorde spielen

Glückwunsch! Im vorherigen Kapitel haben Sie gelernt, wie man Akkorddiagramme liest. Jetzt lernen wir, wie man diese Akkorde spielt. Beginnen wir mit dem einfachsten Em-Akkord. Können Sie sich erinnern, wofür diese Buchstaben stehen? Der Em-Akkord ist ein Moll-Akkord. Der Buchstabe E steht für den Ton E, und der Buchstabe m steht für Moll. Die Harmonie klingt daher nicht so glücklich. Aber er ist einfach zu spielen.

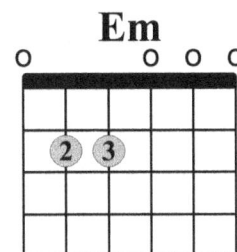

Wie Sie sehen können, ist der Sattel oben abgebildet und die Saiten sind vertikal angeordnet. Die erste Saite (die dünnste) befindet sich rechts. Wir werden von dort aus mit dem Zählen beginnen. Auf der vierten und fünften Saite sind im zweiten Bund zwei dunkle Punkte zu sehen. Innerhalb der dunklen Kreise können wir Zahlen erkennen: Das ist der Fingersatz. Das heißt, die vierte Saite wird mit dem dritten Finger gedrückt und die fünfte Saite wird mit dem zweiten Finger gedrückt.

Um Klappergeräusche zu vermeiden, halten Sie die Saiten gut fest. Die Saiten sollten einen hellen und langen Klang erzeugen. Wenn der Klang der Saiten gedämpft ist, bedeutet das, dass Sie den Akkord nicht richtig gedrückt haben. Legen Sie Ihren zweiten und dritten Finger auf die Saiten, wie es in der Abbildung und dem Bild gezeigt wird.

Ein wichtiger Hinweis! Die Finger sollten leicht gebogen sein und senkrecht zur Oberfläche des Griffbretts stehen. Wenn sie flach auf den Saiten liegen, wird der Klang des Akkords gedämpft und Sie hören möglicherweise nicht den klingenden und langen Ton der Saiten. Der Daumen auf der Rückseite des Griffbretts bildet eine Stütze, die Ihren Fingern hilft, den Akkord festzuhalten.

Üben Sie regelmäßig und machen Sie sich keine Sorgen, wenn Sie Schmerzen in Ihren Fingerspitzen verspüren – diese werden mit der Zeit verschwinden.

Schauen Sie sich die Fotos und Videos an, um zu sehen, wie ich es mache, und ahmen Sie mich nach.

Spielen Sie den Akkord immer wieder. Streichen Sie mit Ihrem rechten Daumen über die Saiten und hören Sie, wie es klingt. Wenn alle Saiten hell klingen, der Ton lang anhält und kein Klappern zu hören ist, dann haben Sie den Akkord gut gegriffen.

Versuchen Sie nun, alle Akkorde aus der folgenden Tabelle zu greifen. Schauen Sie sich die Fingersätze der Akkorde, Bünde und Saiten genau an. Versuchen Sie es zunächst mit Hilfe der Tabelle und schauen Sie sich dann die Fotos und Videos an, in denen ich Ihnen zeige, wie man diese Akkorde spielt und wie sie klingen.

Denken Sie daran, dass wir unsere Finger mit den Fingerkuppen auf die Saiten legen – also mit dem Teil, der sich in der Nähe des Fingernagels befindet. Außerdem versuchen wir, die benachbarten Saiten nicht zu berühren. Der Daumen auf der Rückseite des Griffbretts hilft und unterstützt die anderen Finger.

Nachdem Sie den Akkord gegriffen haben, streichen Sie mit dem rechten Daumen von oben nach unten über alle Saiten, um den Akkord zu hören.

Am

A

Dm

D

E

Em

C

G

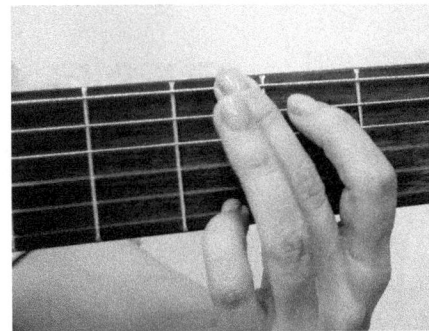

F

F

Wiedergabeliste

oder Link:

cutt.ly/rwU5BH38

Wie klappt es bei Ihnen? Zweifellos ist der F-Akkord der schwierigste aller Akkorde in der Tabelle. Dies ist der Barré-Akkord, über den ich weiter vorne geschrieben habe. Alle Saiten des ersten Bundes werden mit dem ersten Finger heruntergedrückt, der zweite Finger wird auf die dritte Saite des zweiten Bundes gelegt, während die vierte und fünfte Saite mit dem dritten und vierten Finger am dritten Bund gedrückt und gehalten werden. Dies ist ein sehr komplizierter Akkord und Sie werden ihn beim ersten Mal kaum spielen können.

Keine Sorge, dieser Akkord ist wirklich schwierig und erfordert mehr Vorbereitung und Übung. Ich habe ihn aber in die Tabelle eingetragen, damit Sie ihn trotzdem spielen können, denn es wird nicht der einzige Barré-Akkord sein. Sobald Sie gelernt haben, ihn zu spielen, sind Sie auch besser darauf vorbereitet, die anderen zu spielen.

Der G-Akkord kann auf drei verschiedene Arten gespielt werden, von einfach bis komplex. Die Haupttabelle und das Foto zeigen die zweithäufigste Spielweise des G-Akkords.

Ich werde Ihnen auch eine vereinfachte Variante für Anfänger zeigen, aber künftig ist es besser, die zweite Variante zu verwenden.

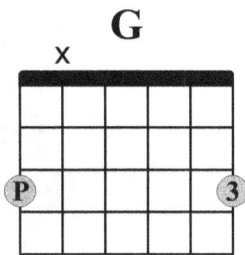

Drücken Sie die erste Saite mit Ihrem dritten Finger am dritten Bund nach unten. Während der Daumen (P), der den Gitarrenhals umschließt, die sechste Saite drückt, versuchen Sie gleichzeitig, die fünfte Saite zu erreichen, indem Sie sie mit dem Daumen gerade noch berühren. Dadurch wird diese Saite gedämpft, so dass sie im Akkord nicht erklingt.

Die meisten Gitarrenlieder verwenden einfache offene Akkorde oder Akkordfolgen. Diese werden ziemlich oft wiederholt, sodass Sie sie schnell lernen und mit dem Spielen der Lieder beginnen können.

Tipp: Durch gezieltes und regelmäßiges Üben erzielen Sie schnelle Erfolge. Nutzen Sie jede Gelegenheit, sich mit Ihrem Instrument hinzusetzen und zu üben. Ihre Finger werden sich schneller an die Saiten gewöhnen und Sie werden Ihre Feinmotorik verbessern.

Derzeit spielt die rechte Hand nur mit dem Daumen oder vier Fingern von oben nach unten auf den Saiten.

Alle Aufmerksamkeit gilt vorerst der linken Hand.

Meiner Meinung nach sind Akkordfolgen am schwierigsten zu spielen. Das bedeutet, dass man einen Akkord schnell wechseln und dabei das Tempo des Liedes beibehalten muss. Beginnen Sie damit, in einem langsamen Tempo zu üben, um die Akkorde zu wechseln. Lassen Sie Ihre Finger das Muster jedes Akkords auswendig lernen. Auf diese Weise treffen Sie mit größerer Wahrscheinlichkeit die richtige Saite und den richtigen Akkord. Dazu ist es nicht notwendig, alle acht Akkorde aus der Tabelle hintereinander zu spielen.

Spielen Sie zuerst zwei Em-Am-Akkorde. Merken Sie sich den Fingersatz und spielen Sie diese beiden Akkorde mehrmals.

Fügen Sie dann einen D-Akkord hinzu. Bewegen Sie Ihre Finger zügig und drücken Sie den Akkord gut nach unten.

Dann können Sie eine Folge von G- und C-Akkorden spielen. Diese beiden Akkorde erfordern etwas Übung und sind auch nicht leicht zu erlernen. Aber Üben wird Ihnen helfen.

Wenn Sie das Spielen der Akkordfolge geübt haben, schlage ich vor, dass Sie ein bekanntes Lied spielen, das Sie unten finden.

Mit der rechten Hand müssen Sie lediglich die Saiten von oben nach unten anschlagen. Verwenden Sie dazu den weichen Teil Ihres Daumens.

Im Text des Liedes gebe ich die Akkorde an, die gespielt werden müssen. Die Akkorde im Liedtext befinden sich an der Stelle, an der Sie diesen Akkord spielen müssen. An der Stelle, an der der Akkord abgebildet ist, fahren Sie mit dem Daumen Ihrer rechten Hand über die Saiten.

O Christmas Tree

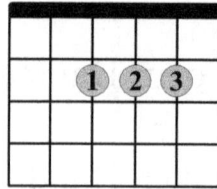 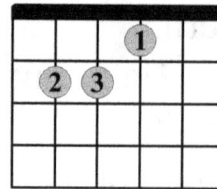

A   E

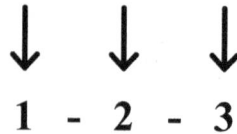

1 - 2 - 3

audio

video

A   **A A A**   **A A** O Christmas Tree!   O Christmas Tree!
E   **E E A A** Thy leaves are so   unchanging;
A A   **A A A**   **A A** O Christmas Tree!   O Christmas Tree!
E   **E E A A A** Thy leaves are so   unchanging;
A   **A**   **A E**   **E E** Not only green   when summer's here,
E   **E E**   **A**   **A** But also when   'tis cold and drear.
A A   **A A A**   **A A** O Christmas Tree!   O Christmas Tree!
E   **E E A A A** Thy leaves are so   unchanging!

Glückwunsch! Sie haben versucht, Ihren ersten Song auf der Gitarre zu spielen. Weiter geht's!

Gitarrenbegleitung

Sie haben das Wort „Begleitung" wahrscheinlich schon einmal gehört. Begleitung ist die musikalische Ergänzung eines Soloparts. In diesem Fall sprechen wir über Gitarrenbegleitung. Wenn Sie Akkorde auf der Gitarre spielen, begleiten Sie sich selbst, Ihren Gesang oder jemanden, der singt oder vielleicht einen Solopart auf einem anderen Instrument spielt.

Beim ersten Lied „O Christmas Tree", das Sie gespielt und vielleicht auch gesungen haben, haben Sie sich auch selbst begleitet. Aber Sie haben es auf die einfachste Art und Weise getan.

In diesem Kapitel lernen Sie verschiedene Arten der Gitarrenbegleitung kennen. Man spricht auch von Gitarren-Schlagmustern. Es geht im Grunde darum, das rhythmische Muster eines Liedes abzuspielen. Das heißt, wenn wir wissen, wie man das rhythmische Muster eines Liedes spielt, können wir es so spielen, wie es beabsichtigt war, im richtigen Tempo, Rhythmus und mit den richtigen Akzenten.

Es gibt mehrere Gitarrenschlagmuster, wir konzentrieren uns jedoch auf einige grundlegende. Wenn Sie diese Muster kennen, können Sie sie in Zukunft kombinieren und so die Lieder abwechslungsreicher klingen lassen.

Um ein Muster zu spielen, müssen Sie einige Regeln beachten.

1. Das Muster wird mit der rechten Hand gespielt. 2. Die Hand sollte entspannt sein, um die Saiten frei anschlagen zu können. 3. Wir schlagen mit vier Fingern nach unten – Zeige-, Mittel-, Ringfinger und kleiner Finger. 4. Wir schlagen mit der Nagelplatte des Daumens nach oben. 5. Wir machen eine kleine Bewegung mit dem Handgelenk. Wir arbeiten mehr mit dem Handgelenk, nicht mit dem Unterarm. 6. Die Abwärtsbewegung der Hand sollte so aussehen, als würde man Wasser von der Hand schütteln. Die Hand ist entspannt, und der Schlag hat einen leichten Schwung, ohne den Arm zu versteifen. 7. Wenn Sie mit dem Daumen nach oben schlagen, dreht sich das Handgelenk nach oben und Sie können die Handfläche sehen. 8. Das Handgelenk befindet sich beim Spielen in einer ballhaltenden Position. Stellen Sie sich vor, Sie hätten einen Tennisball in der Hand.

Versuchen Sie zunächst, einfach sanfte Auf- und Abwärtsbewegungen auszuführen. Sie können laut „auf und ab" mitzählen. So vermeiden Sie Verwirrung.

↓ ↑ ↓ ↑   Wenn Sie dies gemäß den Anweisungen spielen konnten, können wir mit den rhythmischen Mustern fortfahren.

Arten des Gitarrenspiels

Das erste Schlagmuster, das wir lernen werden, bezeichne ich als „Viererschlag". Es besteht aus vier Abwärtsschlägen auf die Saiten. Das heißt, wir zählen bis vier und schlagen bei jeder Zahl die Saiten nach unten.

Ich habe es für Sie grafisch mit Pfeilen dargestellt, die nach unten zeigen. Das Muster ist vom Rhythmus her gleichmäßig. Um es nachzuspielen, können Sie sich das Video dieses Musters ansehen und es auch wiederholen.

Ich werde in diesem Buch nicht näher auf das Thema Rhythmus eingehen, aber wir werden uns einige Konzepte wie das Metrum, den Takt und die Taktart ansehen. Wenn Sie ein Lied hören, können Sie den Rhythmus spüren, auch wenn Sie keinen musikalischen Hintergrund haben, und manchmal können Sie sogar mit dem Rhythmus des Liedes mitklopfen. Diese gleichmäßigen Taktschläge können als Taktart des Liedes bezeichnet werden, man klopft also Schläge mit. Größtenteils lassen sich die meisten Lieder in Zwei-, Drei- und Vierschlag-Lieder unterteilen. Das heißt, die Taktschläge werden im Lied immer in kleinen Abschnitten wiederholt (eins-zwei, eins-zwei oder eins-zwei-drei-vier, eins-zwei-drei-vier oder eins-zwei-drei, eins-zwei-drei) und so weiter im gesamten Lied.

Unter diesen Beats gibt es auch On-Beats und Off-Beats. Genau wie beim Sprechen gibt es betonte und unbetonte Silben. Diese Einteilung von Schlägen in Zweier-, Dreier- und Vierergruppen usw. wird Taktart genannt. Jedes Lied hat eine bestimmte Taktart, die die Anzahl der Schläge in einem Takt angibt. In diesem speziellen Schlagmuster haben wir vier Schläge. Versuchen Sie es zu spielen.

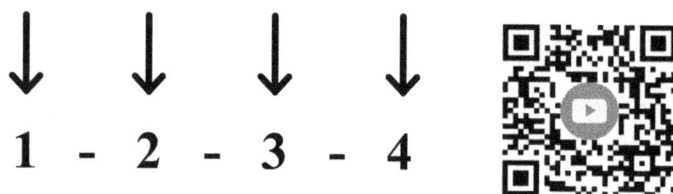

↓   ↓   ↓   ↓

1 - 2 - 3 - 4

Haben sie es verstanden? Sie können sich ein Video ansehen, in dem ich dieses Muster spiele.

Das zweite Muster ist eine Variation des vorherigen, aber wir unterteilen den letzten - vierten - Schlag in zwei gleiche, kürzere Schläge. Wenn wir also vier zählen, machen wir zwei Schläge.

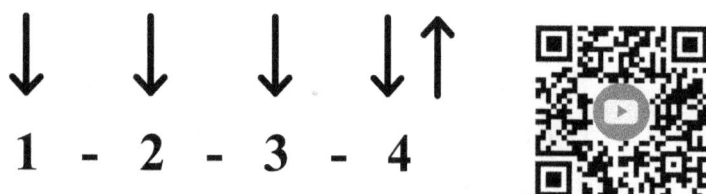

↓   ↓   ↓   ↓↑

1 - 2 - 3 - 4

Sie können sich selbst helfen, indem Sie die Handbewegung laut mitsprechen: ab - ab - ab - ab - auf

Wenn Sie Schwierigkeiten beim Spielen haben, schauen Sie sich das Video an.

Das dritte Muster ist zweischlägig. Wir zählen bis zwei. Dieses Schlagmuster ist halb so lang wie das erste. Spielen Sie zunächst langsam ohne Akkorde, und dann können Sie die linke Hand mit Akkorden ergänzen.

↓ ↓↑

1 - 2

Das vierte Muster ist etwas komplizierter. Ich nenne es einen „Six-Move"-Anschlag, da er aus sechs Bewegungen besteht. Es ist den meisten Gitarristen geläufig, da viele Songs nach diesem Muster gespielt werden.

Das „Six-Move"-Muster besteht ebenfalls aus vier Schlägen. Das heißt, Sie können beim Spielen dieses Schlagmusters bis vier zählen.

Auf einem Diagramm sieht das Muster so aus:

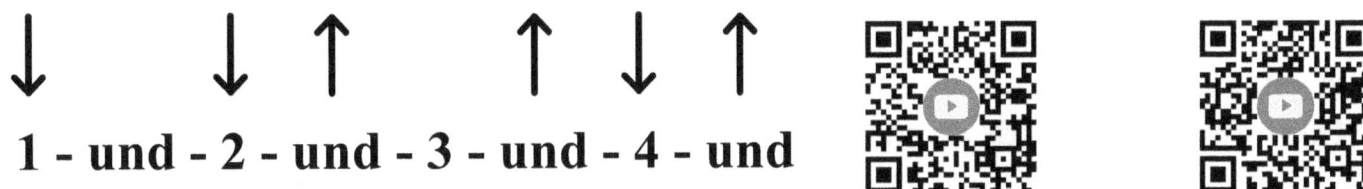

↓   ↓ ↑   ↑ ↓ ↑

1 - und - 2 - und - 3 - und - 4 - und

Unten habe ich hinzugefügt, wie man laut mitzählen kann, wenn man dieses Schlagmuster spielt. Der Einfachheit halber wird der Buchstabe „und" verwendet, da unser Takt in kürzere Segmente unterteilt ist.

Wir haben das folgende Schlagmuster:

ab – ab – auf – auf – ab – auf.

Das sind insgesamt sechs Bewegungen.

Sie können dieses Muster zunächst mit gleichmäßigen Schlägen spielen.

Um Ihnen beim Auswendiglernen dieses Musters zu helfen, habe ich eine Eselsbrücke erstellt: Ja, ich spiele Gitarre.

↓   ↓ ↑   ↑ ↓↑

Ja, ich spie - le Gi - tar - re

Es hat ein bestimmtes rhythmisches Muster. Sehen Sie sich das Video an und versuchen Sie, den gleichen Rhythmus zu spielen und dabei diese Worte zu sagen. Um es noch einfacher zu machen, dieses Muster rhythmisch korrekt zu spielen, würde ich es weiter in zwei Teile unterteilen.

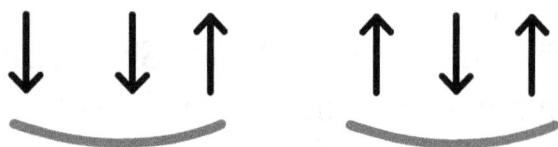

↓ ↓ ↑   ↑ ↓ ↑

Spielen Sie zuerst einen Teil, pausieren Sie und spielen Sie dann den zweiten Teil. Anschließend fügen Sie die beiden Teile zusammen.

Achten Sie darauf, Ihr Handgelenk zu schwingen – Sie müssen nicht den ganzen Arm bewegen. Die Bewegung Ihrer Hand ist gering. Versuchen Sie, es von Anfang an richtig zu lernen, damit Sie es später nicht noch einmal lernen müssen. Dieses Muster müssen Sie immer wieder wiederholen. Das heißt, Sie spielen ein bestimmtes Muster immer und immer wieder. Das ist die Begleitung. Das Schlagmuster wird während des gesamten Liedes oder fast während des gesamten Liedes wiederholt. Deshalb sollten Sie es sich gut merken, damit Sie es automatisch abspielen können, ohne darüber nachzudenken. Auf diese Weise können Sie gleichzeitig singen und die Akkorde ändern. Um all dies tun zu können, müssen Sie konzentriert bleiben. Deshalb ist es so wichtig, dass die Hand, die das Muster spielt, dies automatisch tut, sodass Sie sie nicht kontrollieren müssen. Und noch ein wichtiger Punkt: Oftmals sind Schlagmuster und Rhythmus eines Liedes unterschiedlich. Das heißt, das Muster und die Wörter sind nicht synchronisiert. Die Hand bewegt sich nicht immer im Rhythmus des Liedes. Sie ist automatisiert, das gleiche rhythmische Muster auszuführen. Die Texte, die wir in einem bestimmten Rhythmus singen, unterscheiden sich vom Schlagmuster. Deshalb ist es wichtig, das Anschlagen und Singen zu trennen. Das sind zwei unterschiedliche Prozesse. Üben Sie das Abspielen des Musters, bis es automatisiert wird. Fangen Sie langsam an, dann können Sie das Tempo nach und nach steigern. Versuchen Sie, weiterzumachen und das Muster lange zu spielen, ohne anzuhalten. Dies ist entscheidend für die spätere Zusammenstellung von Spiel und Gesang. Wenn Sie gelernt haben, das Schlagmuster über einen längeren Zeitraum fehlerfrei zu spielen, können Sie es mit einem Akkord, beispielsweise Am, kombinieren. Halten Sie den Am-Akkord gedrückt und spielen Sie das Muster mit der rechten Hand. Dann können Sie den Akkord z. B. Em anschlagen. Sie sollten die Akkorde nicht willkürlich ändern, sondern erst in dem Moment, in dem das Muster fertig ist. Sie halten beispielsweise den Am-Akkord gedrückt und wiederholen das Muster zweimal. Anschließend wechseln Sie zum Em-Akkord und beginnen erneut mit der Wiedergabe des Musters. Das heißt, Sie müssen die Hand für den Akkordwechsel zwischen den Wiederholungen des Schlagmusters neu positionieren. Hier hilft Ihnen die Übung, laut zu zählen, um den Überblick zu behalten, wo das Muster beginnt und endet.

Sie können sich das Video ansehen, in dem ich Ihnen zeige, wie Sie Akkorde wechseln und das Schlagmuster spielen.

Wechseln Sie die Akkorde zunächst mit kurzen Stopps, damit Sie nicht verwirrt werden. Halten Sie einen Akkord gedrückt – spielen Sie das Muster einige Male – halten Sie an – ändern Sie den Akkord – und spielen Sie das Muster erneut einige Male. Wenn Sie Akkorde schnell wechseln können, können Sie ohne Unterbrechung spielen. Halten Sie einen Akkord – spielen Sie das Muster – ändern Sie den Akkord zwischen den Wiederholungen des Schlagmusters – spielen Sie das Muster.

Wenn Sie nicht gut darin sind, Akkorde ohne Pausen zu wechseln, können Sie lernen, Akkorde zu wechseln, ohne sie anzuschlagen und ohne zu spielen, indem Sie einfach die Finger Ihrer linken Hand verwenden: Em – Am – Em – Am … und so weiter mit allen anderen Akkorden. Die Hauptsache ist, zu lernen, wie man Akkorde einfach und schnell wechselt. Sehen Sie sich das Video an, wie ich es mache.

Wenn Sie das Prinzip des Spielens durch Zählen von Schlägen verstehen, können Sie kreativ werden und das Muster abwechslungsreicher gestalten. Sie können beispielsweise einen zusätzlichen Schlag hinzufügen, indem Sie die Schläge in kleinere aufteilen.

Beispielsweise können Sie das „six-move"-Schlagmuster auf andere Weise spielen, indem Sie den ersten und dritten Schlag aufteilen.

↓ ↑ ↓ ↑ ↓ ↑ ↓ ↑

1 - 2 - 3 - 4

Sehen Sie sich das Video zu diesem Muster an. Ich betone den dritten Schlag, indem ich ihn dynamisch betone. Auf diese Weise können Sie Ihre eigenen Begleitmuster erstellen, aber achten Sie darauf, dass Sie die Anzahl, die Taktart und den Takt im Hinterkopf behalten.

Das fünfte Schlagmuster, das wir spielen lernen, heißt „Die Acht". Auf einem Diagramm sieht es so aus:

↓ ↓ ↑ ↑ ↑ ↓↑↓↑

Versuchen Sie zunächst, es in gleichmäßigen Schlägen zu spielen. Verfolgen Sie Ihre Bewegungen. Der Abwärtsschlag wird mit den vier Fingern der rechten Hand ausgeführt, der Aufwärtsschlag erfolgt mit dem Daumen. Befolgen Sie die Ratschläge, die ich für das erste Muster gegeben habe. Die Handpositionierung und Bewegungen bleiben exakt gleich. Einige neue Bewegungen werden hinzugefügt. Und der Rhythmus des Musters wird anders und komplizierter sein. Es ist ebenfalls ein Vierer-Takt. Schauen Sie sich das Video an und sehen Sie sich an, wie ich es mache. Hören Sie sich das rhythmische Muster an, auf das Sie achten müssen. Sie können es zuerst klatschen. Fügen Sie dann das Anschlagen hinzu. Gehen Sie zunächst langsam vor. Ich möchte dieses Muster in drei Teile unterteilen, die Sie sich unbedingt merken sollten.

↓ ↓ ↑ ↑ ↑↓↑↓↑

Zuerst machen Sie zwei lange Abwärtsschläge. Eins (Zwei) Drei (Vier).

Als nächstes führen Sie zwei Aufwärtsbewegungen zwischen den Taktschlägen aus, die doppelt so kurz sind wie die ersten beiden. Und dann führen Sie eine Reihe von fünf Schlägen aus, die noch kürzer sind und am schnellsten ausgeführt werden. Sie können so zählen: che-ty-re-ee-ee. Für jede Silbe schlagen wir die Saiten wie folgt an: auf-ab-auf-ab-auf

Ein ziemlich komplexes Muster, nicht wahr? Aber genau wie beim ersten Muster werden Sie lernen, dieses Muster zu spielen, während Sie die Worte laut mitsprechen. Ich habe mir auch einige Mnemoniken (Eselsbrücken) dafür ausgedacht:

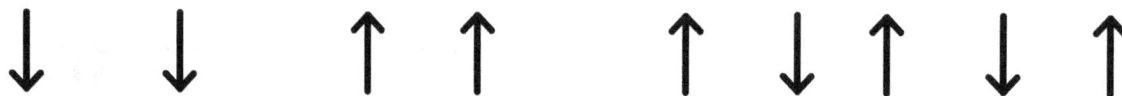

↓ ↓ ↑ ↑ ↑ ↓ ↑ ↓ ↑

Ich   sin – ge ger – ne Lie – der mit Git – tar – re

Sehen Sie sich das Video noch einmal an und versuchen Sie es zu wiederholen, aber dieses Mal mit den Worten. Wenn Sie Erfolg haben, müssen Sie, genau wie beim ersten Muster, dieses perfekt üben und in der Lage sein, es lange Zeit automatisch abzuspielen. Die Hauptsache ist, dass sich Ihre Hand alle Bewegungen merkt, damit Sie gleichzeitig singen und spielen können.

Sie können dieses Muster mit Akkorden kombinieren und versuchen, mit diesem Muster eine Folge von Akkorden zu spielen.

Für jeden Akkord können Sie mehrere Wiederholungen des Schlagmusters spielen, und Sie sollten die Akkorde zwischen den Wiederholungen des Musters ändern, d. h. Sie sollten den Akkord ändern, nachdem Sie das Muster beendet haben. Sie können auch während des Musters Sätze mitsprechen und nach dem Ende des Satzes den Akkord ändern.

Genau wie beim „Six-move" Muster können wir Schläge hinzufügen und entfernen und dabei den richtigen Takt beibehalten, was bedeutet, dass die Gesamtzahl der Schläge in einem Takt gleich und die Zählweise erhalten bleibt. Lediglich die Anzahl der Schläge im Muster ändert sich.

Sie können dieses Muster als Grundlage nehmen und lernen, es zu modifizieren. Beachten Sie, dass dieses Muster lang ist und oftmals unterteilt und über zwei Akkorde gespielt wird.

Wie bei den vorherigen rhythmischen Mustern müssen wir dieses Muster üben, bis es natürlich und automatisiert wird, indem wir es viele Male abspielen. Kehren wir nun zum „Vierschlag-Muster" zurück. Vielleicht ist es nicht so kompliziert wie die nachfolgenden, aber ich bin am Ende bewusst darauf zurückgekommen, da dieses Muster auf zwei verschiedene Arten gespielt werden kann. Die erste Variante wird wie die anderen gespielt und mit derselben Spieltechnik. Auf und ab schlagen.

Hier zählen wir im Zweiertakt. Das heißt, wir zählen in gleichen Abständen bis zwei und teilen diese in kürzere Schläge auf.

↓ ↑ ↓ ↑

1 - und - 2 - und

Wir müssen bedenken, dass wir die Abwärtsbewegung mit vier Fingern und die Aufwärtsbewegung mit dem Daumen ausführen. Versuchen Sie, geradlinige Schläge auszuführen, während Sie bis zwei zählen. Sie können sich das Bild ansehen oder das Video ansehen, in dem ich dieses Muster zeige.

Eine Variante davon kann etwas komplizierter erscheinen:

↓ ↑ ↓* ↑

Was bedeutet das Sternchensymbol (Asterisk)?

Dies ist eine schematische Darstellung einer Begleittechnik namens Muting. Das heißt, die Saiten werden gedämpft, während Sie spielen.

Die ersten beiden Schläge werden jeweils nach oben und unten ausgeführt. Aber der dritte Schlag erfolgt von oben nach unten. Zuerst schlagen wir mit allen vier Fingern über die Saiten und dämpfen dann sofort die klingenden Saiten mit der Innenseite unserer Handfläche, die vom Daumen bis zum Handgelenk reicht. Der vierte Strich wird mit dem Daumen nach oben ausgeführt. Dies ähnelt dem Rückstoß, wobei der Daumen als Feder fungiert, die nach oben springt und auf die Saiten trifft. Der dritte Schlag ist gedämpft, der Rest der Schläge ist offen. In diesem Fall verwenden wir eine gerade Zählweise, Sie können also einfach sagen: eins-und-zwei-und. Schauen Sie sich das Video an, in dem ich Ihnen zeige, wie Sie dieses Schlagmuster dämpfen und spielen können.

Nun können Sie dieses gedämpfte Muster wie bei den vorherigen Mustern, die Sie gelernt haben, mit Akkorden kombinieren.

Zum Beispiel: D und G.

Und eine weitere Art von Muster, die ich Ihnen zum Erlernen empfehlen möchte, ist ein Muster, das eine Taktart von drei Schlägen verwendet. Das heißt, wir zählen bis drei, wie bei einem Walzer.

↓ ↓↑ ↓

1 - 2 - 3

Obwohl es hier vier Schläge gibt, fallen die zweite und dritte Handbewegung auf den zweiten Schlag und sind kürzer und schneller. Spielen Sie mit und zählen Sie zuerst laut vor. Zählen Sie bis drei. Genau wie bei anderen Mustern müssen Sie es üben, bis es ganz natürlich und automatisch abläuft und Sie nicht abgelenkt werden. Später kombinieren Sie dieses Muster ähnlich wie bei den vorherigen Mustern mit Akkorden.

Arpeggios spielen

Im vorigen Kapitel haben wir uns mit der Gitarrenbegleitung befasst, bei der alle Saiten in einer schwungvollen Bewegung angeschlagen werden.

Es gibt aber auch andere Spieltechniken. Beim Arpeggio-Stil werden beispielsweise Akkorde in einzelne Noten aufgeteilt, das heißt, alle Töne eines Akkords werden nicht gleichzeitig, sondern nacheinander gespielt. Es klingt, als würden wir die Saiten mit den Fingern zupfen. Allerdings machen wir das nicht wahllos, sondern in einer bestimmten Reihenfolge. Genau wie beim Anschlagen gibt es sogenannte Arpeggio-Muster, die sich während eines Liedes oder eines Liedabschnitts wiederholen. Lassen Sie uns einige davon durchgehen.

Kommen wir zunächst zurück zum Fingersatz. Denken Sie daran, dass die Finger der linken und rechten Hand unterschiedliche Namen haben. Auf der linken Hand sind die Finger zum Spielen von Akkorden nummeriert und auf der rechten Hand haben die Finger ihre eigenen Namen:

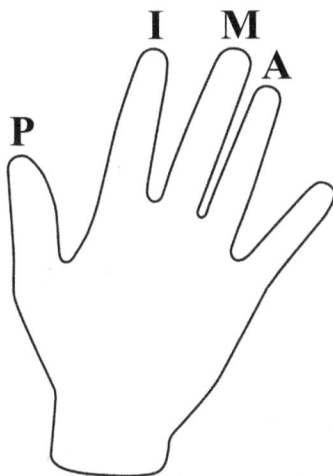

P (pulgar) - thumb (Daumen)
I (indice) – index finger (Zeigefinger)
M (medio) – middle finger (Mittelfinger)
A (anular) – ring finger (Ringfinger)

Rechte Hand

Jeder Finger ist für eine bestimmte Saite verantwortlich. Diese Regel wurde erstellt, um das Spielen von Fingerstyle in einem schnellen Tempo zu ermöglichen.

Der Daumen p (pulgar) ist immer für die Basssaiten zuständig. Dies sind die 4., 5. und 6. Saite.

Für die dritte Saite ist immer der Zeigefinger i (indice) zuständig. Der Mittelfinger m (medio) ist immer für die zweite Saite zuständig. Für die erste Saite ist immer der Ringfinger a (anular) zuständig.

Der kleine Finger nimmt am Arpeggio-Spiel nicht teil.

Beachten Sie, dass die Saiten von der dünnsten zur dicksten Saite gezählt werden und nicht umgekehrt.

Beim Spielen von Arpeggios sollte Ihr Arm entspannt sein. Dies ist entscheidend für die Entwicklung einer guten Technik. Die Saiten sollten ganz leicht, wie im Vorbeigehen, mit den Fingern gezupft werden. Versuchen Sie nicht, an den Saiten zu ziehen, sondern zupfen Sie sanft daran, als ob Sie sie streicheln würden. Nur die Finger arbeiten, die Hand ist entspannt.

Das Spielen von Arpeggios ist eine komplexere Art der Klang-artikulation. Es erfordert eine gute Handmotorik, Handkoordination und Rhythmusgefühl. Sehen Sie sich das Video an, in dem ich Ihnen zeige, wie man Arpeggios spielt. Werfen wir einen Blick auf einige beliebte Arpeggios.

Dies ist die einfachste Version eines Arpeggios.

Im Bild sehen Sie zwei Notationen. Eine davon ist die Notenschrift, die Sie lesen können, wenn Sie die Noten kennen. Sie können die zu verwendenden Finger sehen.

Für diejenigen, die die Noten nicht kennen, wurde eine andere Notenschrift erfunden, die Tabulatur oder Tab genannt wird. Dies ist eine Diagrammdarstellung eines Arpeggios in Tabulatur-Notation. Wie liest man Tabs?

Die horizontalen Linien sind die Saiten und die Zahlen darauf sind die Bundnummern. Das heißt, wir sollten zuerst die Basssaite mit dem Daumen spielen. In diesem Fall ist es die sechste Saite. Dann schlagen wir mit dem Zeigefinger die dritte Saite, mit dem Mittelfinger die zweite Saite und mit dem Ringfinger die erste Saite an und gehen dann in umgekehrter Reihenfolge zurück.

In diesem Beispiel steht nur eine Zahl 0 auf der Tabulatur. Es steht für offene, nicht gedrückte Saiten. Steht dort eine andere Zahl, müssen wir mit der linken Hand die Saite auf dem Bund drücken, der durch die Zahl gekennzeichnet ist.

Versuchen Sie zunächst, nur auf leeren Saiten zu üben, platzieren Sie dann einen Am-Akkord und spielen Sie dieses Arpeggio-Muster mit diesem Akkord. Und noch ein wichtiger Hinweis:

Beim Spielen von Arpeggios spielen wir immer zuerst den Bass und bewegen uns dann in wechselnder Reihenfolge über die drei Saiten.

Es gibt Regeln für die Basssaiten. Der Bass kann bei verschiedenen Akkorden unterschiedlich sein.

Beispiel: Für Em-, F- und G-Akkorde verwenden wir die sechste Saite als Basssaite.

Bei Am-, A- und C-Akkorden dient die fünfte Saite jedoch als Basssaite.

Bei den Akkorden Dm und D verwenden wir die vierte Saite als Bass.

Klingt das zu kompliziert für Sie?

Das ist es wirklich nicht. Es ist ziemlich einfach, sich diese Regeln zu merken. Da Sie diese Akkorde oft spielen, werden Sie sich schnell merken, welche Basssaite für welchen Akkord verwendet wird.

Wenn wir für ein und denselben Akkord längere Zeit Arpeggios spielen, können wir die Basssaiten abwechseln, damit das Arpeggio-Spiel nicht eintönig wird. Beispielsweise können wir bei den Akkorden Em, F, G die sechste oder vierte Saite als Bass verwenden.

Das heißt, Sie schlagen die sechste Saite an, spielen dann das Arpeggio-Muster, schlagen dann erneut die Basssaite an, aber dieses Mal ist es nicht die sechste Saite, sondern die vierte Saite, und spielen dann erneut das Arpeggio-Muster.

Bei Am-, A- und C-Akkorden wechseln wir zwischen der fünften und vierten Saite. Für Dm- und D-Akkorde verwenden wir nur die vierte Basssaite. Sehen Sie sich das Video an, wie ich es mache, um es für Sie deutlicher zu machen. Der zweite Typ des Arpeggio-Stils sieht folgendermaßen aus:

Zuerst spielen wir wie im ersten Fall den Bass. In diesem Fall schlagen wir die sechste Saite mit dem Daumen an.

Dann spielen wir mit Zeigefinger – Mittelfinger – Zeigefinger – Ringfinger – Zeigefinger – Mittelfinger – Zeigefinger.

Dieser Arpeggio-Typ ist länger. Achten Sie darauf, dass Sie die richtigen Finger verwenden. Dies wird Ihnen helfen, dieses Arpeggio-Muster schnell und einfach zu erlernen. Versuchen Sie es zunächst selbst und schauen Sie sich dann im Video an, wie ich es mache. Genau wie beim Schlagmuster sollten Sie es gründlich üben und dorthin gelangen, dass Sie das Arpeggio natürlich, leicht, frei und ohne viel Nachdenken spielen können. Beim Spielen von Arpeggios ist das Handgelenk entspannt und nur die Finger bewegen sich.

Die dritte Art von Arpeggio

Dies ist ein Arpeggio, bei dem wir zwei Saiten (erste und zweite) gleichzeitig zupfen. Beachten Sie unbedingt den Fingersatz, der zwischen den Noten und der Tabulatur angegeben ist. Das heißt, zuerst spielen wir den Bass, dann spielen wir die dritte Saite mit dem Zeigefinger, dann schlagen wir die zweite und erste Saite zugleich mit dem Mittel- und dem Ringfinger an und kehren zur dritten Saite zurück, indem wir sie mit dem Zeigefinger zupfen. Achten Sie auf einen gleichmäßigen Klang, insbesondere auf der ersten und zweiten Saite. Sehen Sie sich das Video an, um zu sehen, wie man diese Art von Arpeggio spielt.

Abschließend möchte ich Ihnen noch von einer Begleitung erzählen, die häufig von Musikern verwendet wird. Es handelt sich dabei um eine Walzerbegleitung, die im Dreiertakt gespielt wird.

Zuerst schlagen wir die Basssaite mit dem Daumen (P) an, dann zupfen wir mit drei Fingern (i.m.a.) zweimal die erste, zweite und dritte Saite gleichzeitig. Im Grunde spielen wir drei Schläge – eins – zwei – drei. Hier können wir, genau wie bei Arpeggios, die Basssaiten nach denselben Regeln abwechseln.

Sehen Sie sich das Video an, in dem ich diese Begleitung spiele.

Nun haben wir gerade einige Arten bekannter Arpeggios kennengelernt. Tatsächlich gibt es eine große Anzahl davon für die Gitarre. Aber oft sind es die beliebtesten Arpeggios, die in Liedern verwendet werden. Spielen Sie Arpeggios zunächst in einem langsamen Tempo und achten Sie dabei sorgfältig auf Ihre rechte Hand. Später, wenn Sie sich sicherer fühlen, können Sie Ihre Augen von der rechten Hand abwenden und versuchen, die Saiten zu spüren, ohne sie anzusehen. Dadurch wird Ihre Hand entspannter. Vergessen Sie nicht, die Basssaiten zu wechseln, wenn Sie einen Akkord über einen längeren Zeitraum spielen.

Das Erlernen des Arpeggiospiels auf der Gitarre ist ebenso wichtig wie das Schlagmuster. Auf diese Weise bringen Sie Abwechslung in Ihr Spiel und können Lieder mit dem passenden Charakter und der richtigen Stimmung spielen.

Tipps für Gitarrenanfänger

Herzlichen Glückwunsch zum Abschluss Ihres Gitarrengrundkurses!

In diesem Buch habe ich versucht, Ihnen zu erklären und zu zeigen, wie Sie ganz einfach Gitarre spielen lernen können. Ich habe dieses Instrument schon vor langer Zeit kennengelernt und habe mich bis heute nicht von ihm getrennt. Ich hoffe, Ihr erster Einstieg in die Welt der Gitarre war ein Erfolg. Auch wenn es sich noch nicht ganz so anfühlt wie bei mir, sollten Sie dran bleiben und niemals aufgeben. Herausforderungen wird es immer geben, aber Sie sind in der Lage, sie zu meistern. Ich wünsche Ihnen viel Glück bei der Weiterentwicklung des Gitarrenspiels, ein wunderbares Spiel und einen wunderbaren Gesang. Am Ende des Buches finden Sie eine Tabelle mit den beliebtesten Akkorden sowie eine Sammlung von Liedern mit Akkorden, die Sie sofort spielen können.

Abschließend möchte ich noch ein paar Dinge zusammenfassen und Ihnen einige Tipps für das erfolgreiche Erlernen des Instruments geben:

1. Üben Sie regelmäßig. Versuchen Sie, sich jeden Tag Zeit zum Üben zu nehmen. Sie müssen nicht das ganze Lied von Anfang bis Ende spielen. Stattdessen können Sie einen herausfordernden Abschnitt auswählen und ihn spielen, bis Sie ihn richtig beherrschen. Alternativ können Sie es sich zur Gewohnheit machen, jeden Tag einen neuen Akkord oder eine Akkordfolge zu lernen.
2. Wenn Sie ein neues Lied lernen, lernen Sie zunächst die Akkorde und das

Schlagmuster separat. Dann kombinieren Sie das Anschlagen mit den Akkorden. Wenn Sie das Schlagmuster und die Akkorde gut spielen können, können Sie versuchen, die Gitarre durch Gesang zu begleiten. Lernen Sie das Lied unbedingt Schritt für Schritt.

3. Überlasten oder versteifen Sie Ihre Hand und Ihren Arm nicht. Achten Sie darauf, dass Sie mit entspannter Hand spielen. Wenn Sie diesen Rat ignorieren, kommt es zu Krämpfen und Gelenkschmerzen.

4. Halten Sie ihre Gitarre in Ehren, kümmern Sie sich um sie, halten Sie sie sauber und schützen Sie sie vor Stößen und plötzlichen Temperaturschwankungen.

5. Finden Sie eine bequeme Position, damit Sie durch nichts eingeschränkt werden und Ihr Rücken beim Spielen gerade ist, sonst kann es zu einer Fehlhaltung kommen.

6. Nehmen Sie sich regelmäßig auf Audio oder Video auf. Dies wird Ihnen helfen, Fehler beim Spielen und bei der Handplatzierung aufzuspüren.

7. Studieren Sie Musiktheorie und Harmonielehre und entwickeln Sie ein Gehör für Musik.

8. Überprüfen Sie regelmäßig die Stimmung der Gitarre und stimmen Sie sie bei Bedarf.

9. Lernen Sie, nicht nur die Übungen, Akkordfolgen und Akkordwechsel, sondern auch Lieder zu spielen. Auf diese Weise bleiben Sie interessiert und motiviert, Ihr Lieblingslied zu lernen.

10. Trainieren Sie Ihre Fingerkraft und Feinmotorik.

11. Hören Sie nie auf zu lernen. Machen Sie weiter und lernen Sie neue Lieder, Musiktheorie und neue Formen der Begleitung.

Alle Videos (Wiedergabeliste)

Alle Videos befinden sich auch in der Playlist auf YouTube:

oder Link:

cutt.ly/ewU5BSXg

ZWEITER TEIL

Lieder

Nochmals herzlichen Glückwunsch zu den ersten Schritten zur Beherrschung der Gitarre!

Ich hoffe, dass Ihnen das Spielen wirklich Spaß macht. Damit es noch mehr Spaß macht, habe ich im zweiten Teil des Selbstlernprogramms eine Sammlung von bekannten Liedern erstellt und habe sie mit Akkorden versehen. Um Ihnen zu helfen, herauszufinden, wie man sie spielt, habe ich eine kurze Anleitung hinzugefügt.

1. Öffnen Sie die Liederseite und schauen Sie sie sich genau an.
2. Sie sehen den Liedtext und die Akkordnotation, die Ihnen teilweise bereits aus dem ersten Teil des Selbstlernprogramms bekannt ist.
3. Um es Ihnen einfacher zu machen, habe ich die Akkorddiagramme am Anfang jedes Liedes platziert.
4. Ich habe auch ein Diagramm der Akkordfolge beigefügt, die am Anfang jeden Liedes verwendet werden soll. Üben Sie zunächst das Spielen des Schlagmusters.
5. Spielen Sie alle im Lied verwendeten Akkorde einzeln durch und verbinden Sie sie mit dem Schlagmuster.
6. Wenn Sie das Zusammenspiel von Anschlag und Akkorden gut beherrschen und die Akkorde in Echtzeit wechseln können, ohne Fehler zu machen oder durcheinander zu kommen, können Sie versuchen, die Gitarre mit Gesang zu begleiten.
7. Die Akkorde werden an den Stellen notiert, an denen Sie den Akkord greifen, spielen und singen müssen.
8. Der erste Anschlag auf die Saiten eines Akkords erfolgt auf der betonten Silbe im Wort, d. h. auf dem Abwärtsschlag.
9. Denken Sie daran, dass der Text des Liedes und sein Rhythmus möglicherweise nicht unbedingt mit dem Rhythmus des Schlagmusters übereinstimmen. Die Begleitung muss also automatisch gespielt werden, ohne zu versuchen, sie an den Text anzupassen.
10. Und das Wichtigste: Folgen Sie der Musik, folgen Sie dem Lied und die Handbewegungen werden folgen.

Alle Audios

Alle Audioaufnahmen sind auch auf Google Drive verfügbar:

oder Link:

cutt.ly/qwYRFhK7

Hinweise auf Tippfehler, Irrtümer, Ungenauigkeiten und Vorschläge zur Verbesserung der Qualität nehmen wir gerne entgegen unter:
avgustaudartseva@gmail.com

1. Humpty Dumpty

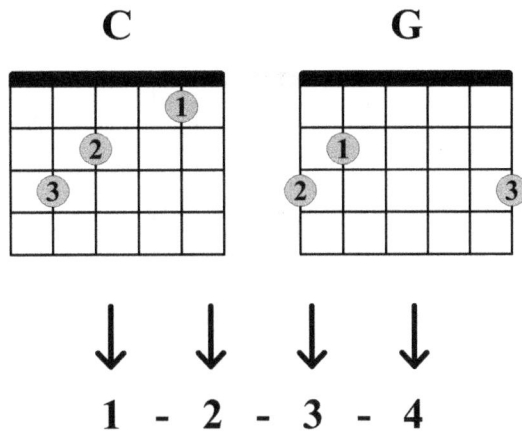

↓   ↓   ↓   ↓

1 - 2 - 3 - 4

C	G	G	C

Humpty Dumpty sat on a wall

C	G	G	C

Humpty Dumpty had a great fall.

C	G	G	C

All the king's horses and all the king's men,

C	G	G	C

Couldn't put Humpty together again.

2. Hickory Dickory Dock

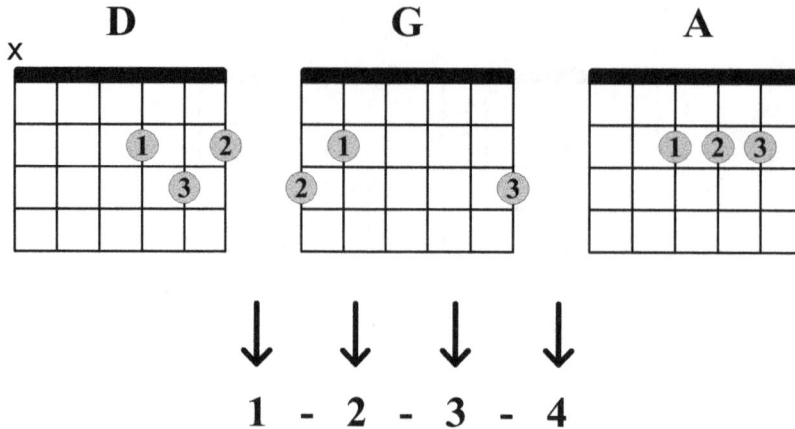

1 - 2 - 3 - 4

D   A   D
Hickory dickory dock,

     D   A   D
The mouse ran up the clock,

     D   D
The clock struck one,

     G   G
The mouse ran down,

A   A   D
Hickory dickory dock.

3. Old MacDonald Had A Farm

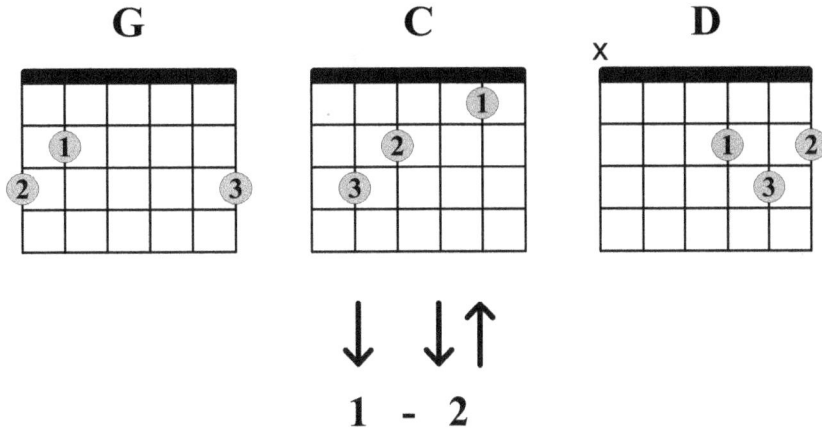

G	C	G	G	D	G
Old MacDonald had a farm, Ee i   ee i   o,

	G	C		G	G	D	G
And on his farm he had some chicks,   Ee i   ee i   o,

G		G
With a chick-chick here, And a chick-chick there,

C		C
Here a chick, there a chick, Everywhere a chick-chick,

G	C	G	G	D	G
Old MacDonald had a farm, Ee i   ee i   o.

4. Happy Birthday to You

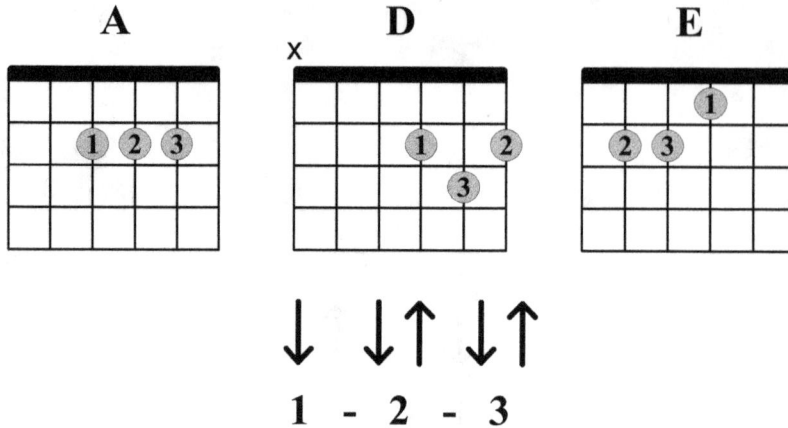

A   D   E

↓   ↓↑   ↓↑

1 - 2 - 3

A **E** Happy Birthday to you,	
E **A** Happy Birthday to you,	
A Happy Birthday,	
D Happy Birthday,	
A **E** **A** Happy Birthday to you.	

5. Silent Night

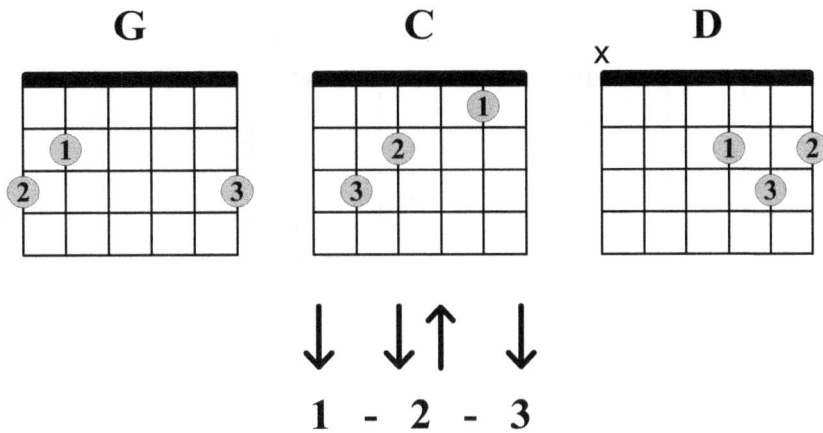

G   G
Silent night, holy night,
D   **G**
All is calm, all is bright,
C   **G**
Round yon Virgin Mother and Child,
C   **G**
Holy infant so tender and mild.
D   **G**
Sleep in heavenly peace,
G   **D**   **G**
Sleep in heavenly peace.

6. Ladybug

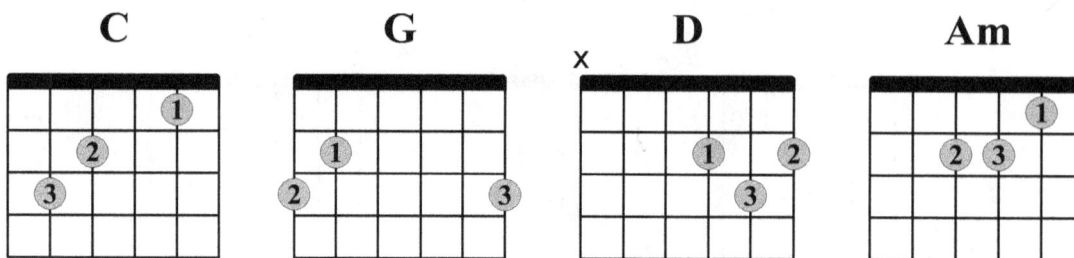

C	**C**	**G**	**G**
Ladybug, Ladybug, where will you land?			

G	**G**	**C**	**C**
Ladybug, Ladybug, come to my hand,			

C	**G**	**C**	**G**
Then you can crawl all the way up my arm,			

D	**G**	**D**	**G**
And I will assure you I'll do you no harm,			

G	**C**	**Am**	**G**
When you fly away, when you fly away,			

C	**C**	**G**	**C**
I hope that you'll come back another fine day.			

7. When You and I Were Young, Maggie

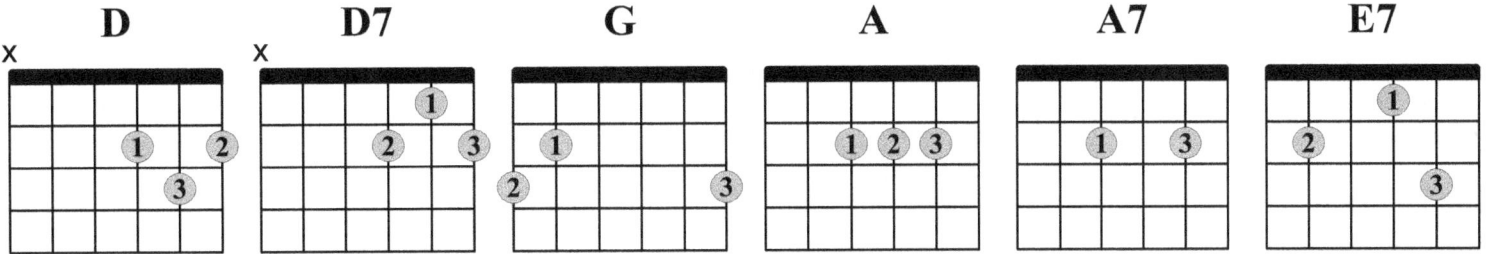

↓ ↓↑

1 - 2

D   **D7**   **G**
I wandered today to the hill, Maggie

D   **A**   **A7**
To watch the scene below

D   **D7**   **G**
The creek and the rusty old mill, Maggie

D   **A7**   **D** **D7**
Where we sat in the long, long ago.

G   **D**
The green grove is gone from the hill, Maggie

A   **E7**   **A** **A7**
Where first the daisies sprung

D   **D7** **G**
The old rusty mill is still, Maggie

D   **A7**   **D**
Since you and I were young.

51

8. If You're Happy And You Know It

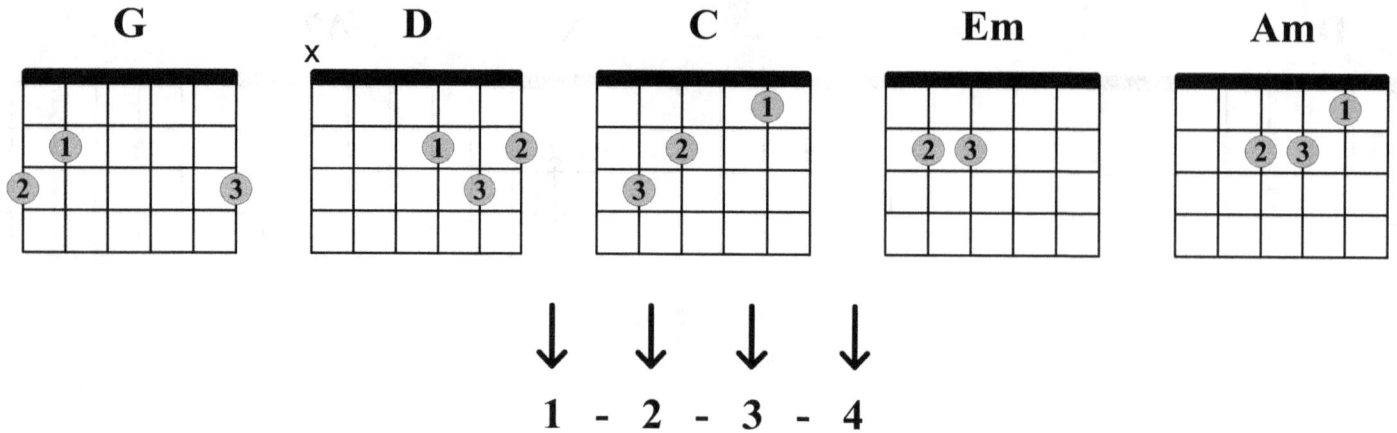

G   **D**   **C**   **Em**   **Am**

↓   ↓   ↓   ↓

1 - 2 - 3 - 4

G	**D**
If you're happy and you know it, clap your hands!	
D	**G**
If you're happy and you know it, clap your hands!	
C	**Am**
If you're happy and you know it,	
G	**Em**
Then your face will surely show it.	
C **D** **G**	
If you're happy and you know it, clap your hands!	

9. When the Saints Go Marching In

G   **D**   **C**

↓ ↓↑

1 - 2

G Oh, when the saints
G go marchin' in,
G Oh, when the saints
D go mar - chin' in,
G Lord, I want to be
C in that number
G Oh, when the saints
D   **G** go mar - chin' in.

10. O Christmas Tree

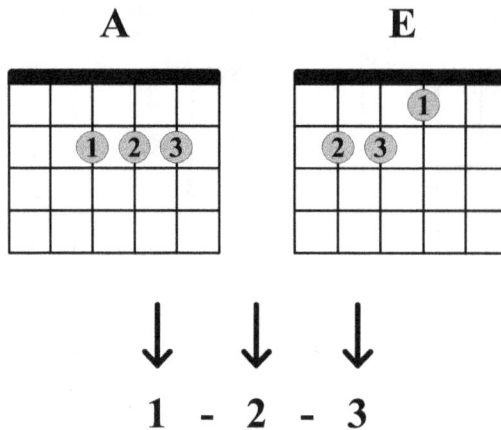

A   E

↓   ↓   ↓

1 - 2 - 3

A   **A** O Christmas Tree! O Christmas Tree!
E   **A** Thy leaves are so   unchanging;
A   **A** O Christmas Tree! O Christmas Tree!
E   **A** Thy leaves are so   unchanging;
A   **E** Not only green   when summer's here,
E   **A** But also when   'tis cold and drear.
A   **A** O Christmas Tree! O Christmas Tree!
E   **A** Thy leaves are so   unchanging!

11. God Is So Good

C   F   G

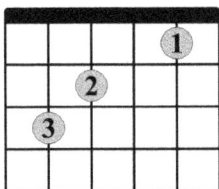 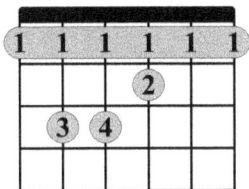 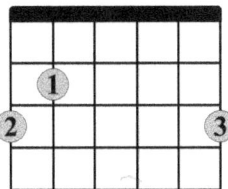

C	G
God is so good,	

G	C
God is so good,	

C	F
God is so good,	

C   G   C
He's so   good   to   me!

12. The Muffin Man

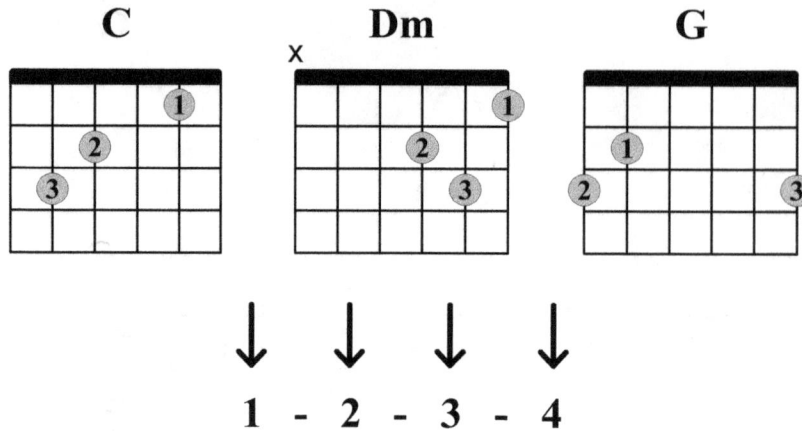

C   **Dm**   **G**

↓   ↓   ↓   ↓

1 - 2 - 3 - 4

C   **C** Oh, do you know the Muffin man,
Dm   **G** The Muffin man, the Muffin man?
C   **C** Oh, do you know the Muffin man,
Dm   **G** **C** That lives on Drury Lane?

13. This Is The Day

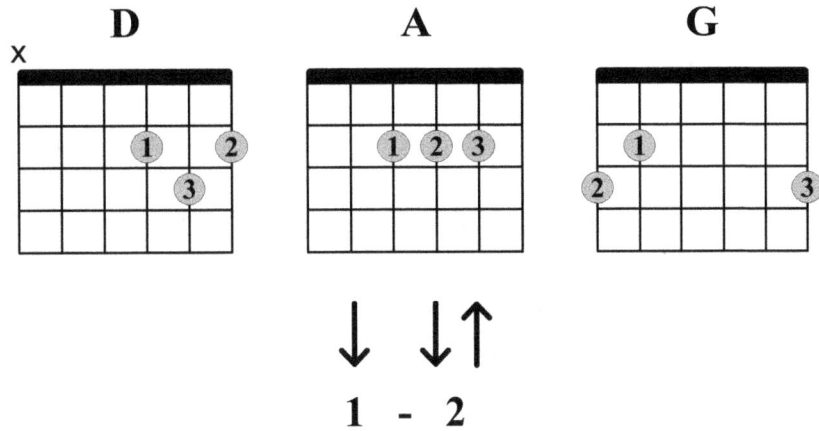

↓ ↓↑

1 - 2

D	**D**
This is the day, this is the day,	

A
That the Lord has made,

A
That the Lord has made,

A	**A**
We will rejoice, we will rejoice	

D	**D**
And be glad in it, and be glad in it,	

G	**D**
This is the day that the Lord has made,	

G	**D**
We will rejoice and be glad in it,	

D	**D**
This is the day, this is the day,	

A	**D**
That the Lord has made.	

14. Auld Lang Syne

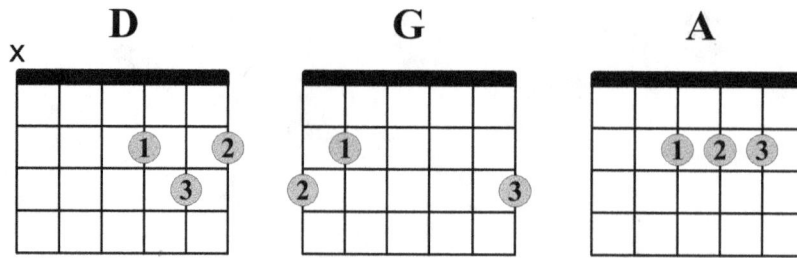

D **A**		
Should old acquaintance be forgot		
D **G**		
And never brought to mind		
D **A**		
Should all acquaintance be forgot		
G **D**		
And auld lang syne		
D **A**		
For auld lang syne, my dear		
D **G**		
For auld lang syne		
D **A**		
We'll take a cup o' kindness yet		
G **D**		
For auld lang syne.		

15. Goosey, Goosey Gander

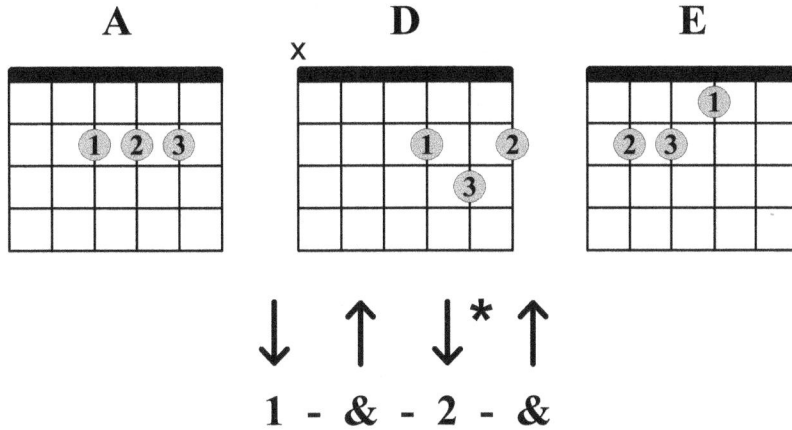

↓   ↑   ↓* ↑

1 - & - 2 - &

A   Goosey goosey gander
D   **A**   Whither shall I wander?
D   **A**   Upstairs and downstairs
E   **A**   And in my lady's chamber
A   There I met an old man
D   **A**   Who would not say his prayers
D   **A**   I took him by the left hand
E   **A**   And threw him down the stairs.

16. Oh! Susanna

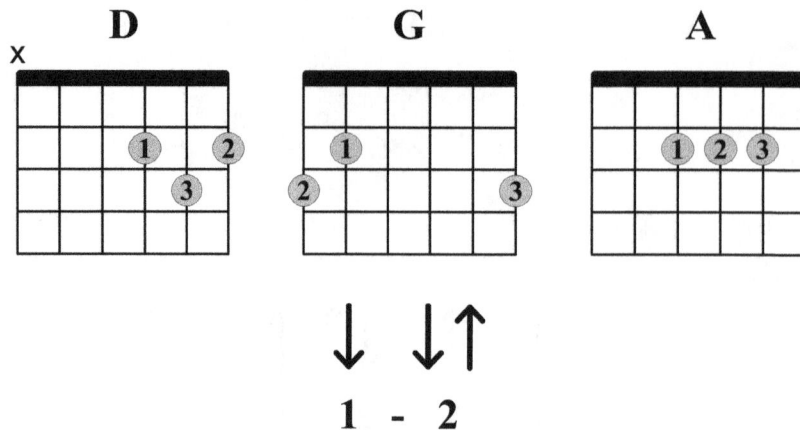

↓   ↓↑

1 - 2

D

I came from Alabama

                  A

With my banjo on my knee,

D

I'm going to Louisiana

     D   **A**   **D**

My true love for to see;

D

It rained all night the day I left,

               A

The weather it was dry,

D

The sun so hot I froze to death,

     D   **A**   **D**

Susanna, don't you cry.

G   **D**   **A**

Oh! Susanna, Oh don't you cry for me,

D
I've come from Alabama

D   A   D
With my banjo on my knee.

17. Little Jack Horner

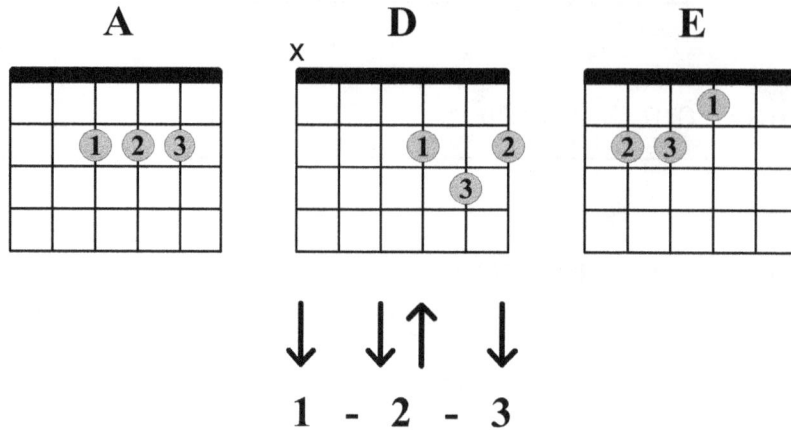

A   D   E

↓   ↓↑   ↓

1 - 2 - 3

A Little Jack Horner
D Sat in the corner,
E   **A** Eating his Christmas pie,
A He put in his thumb,
D And pulled out a plum,
E   **A** And said, "What a good boy am I!"

18. I Love Little Kitty

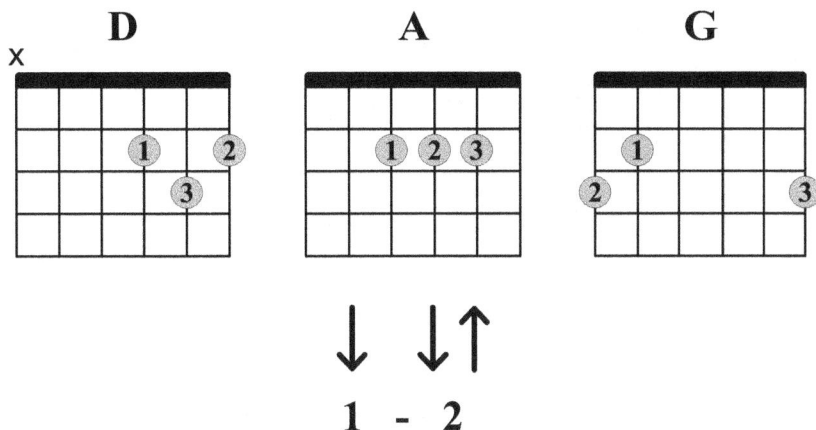

D   **A**   **G**

↓   ↓↑

1 - 2

D   **A** I love little kitty,
A   **D** Her coat is so warm,
A And if I don't hurt her
D She'll do me no harm;
G So I'll not pull her tail,
D Nor drive her away,
A But kitty   and   I
D Very gently will play.

19. Long, Long Ago

A 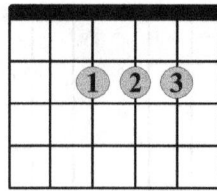   E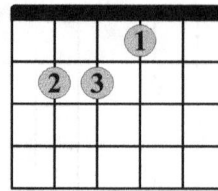

↓ ↓↑

1 - 2

A

Tell me the tales that to me were so dear

E   **A**

Long, long ago,   long, long ago

A

Sing me the songs I delighted to hear

E   **A**

Long, long ago, long ago

E

Now you have come

          A

All   my grief is removed

E   **A**

Let   me   forget, just as   long as I could

A

Let me believe that you'll always be   near

E   **A**

Long, long ago, long ago.

20. Buffalo Gals

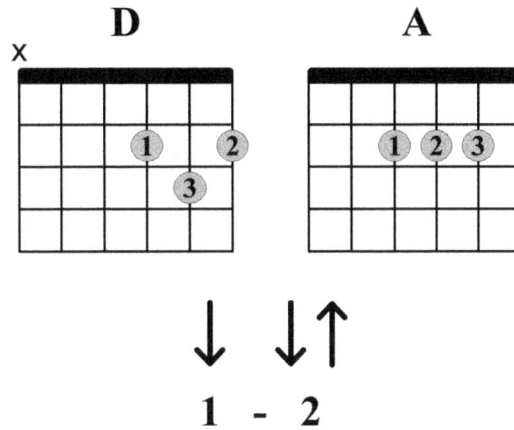

D   **A**

↓   ↓↑

1 - 2

D **D**	
As I was walking down the street,	
A **D**	
Down the street, down the street,	
D **D**	
A pretty little girl I chance to meet,	
A **D**	
Oh, she was fair to see.	
D **D**	
Buffalo gals, won't you come out tonight,	
A **D**	
Come out tonight, come out tonight,	
D **D**	
Buffalo gals, won't you come out tonight,	
A **D**	
And dance by the light of the moon.	

21. Billy Boy

C   G

↓ ↓↑

1 - 2

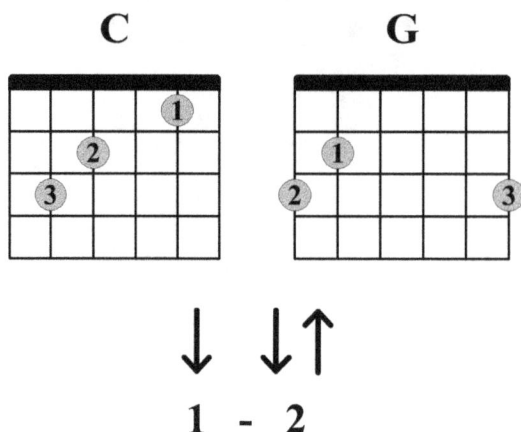

C   **C** Oh, where have you been
C   **C** Billy Boy, Billy Boy?
C   **C** Oh, where have you been
G Charming Billy?
G I have been to seek a wife
C She's the joy of my   life
G She's a   young thing
G   **C** And cannot leave her mother.

22. Lorena

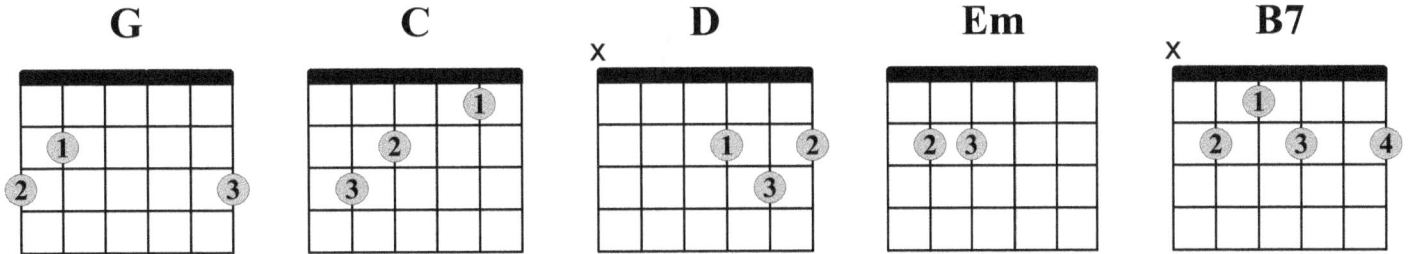

↓   ↓↑

1 - 2

G **C** Oh, the years creep slowly by, Lorena	
D **G** **D** The snow is on the grass again	
G **C** The sun's low down the sky, Lorena	
D **G** The frost gleams where the flowers have been	
Em **B7** But my heart beats on as warmly now	
B7 **Em** **D** As when the summer days were nigh	
G **C** The sun can never dip so low	
D **G** Or down affection's cloudless sky.	

23. Oh, My Darling Clementine

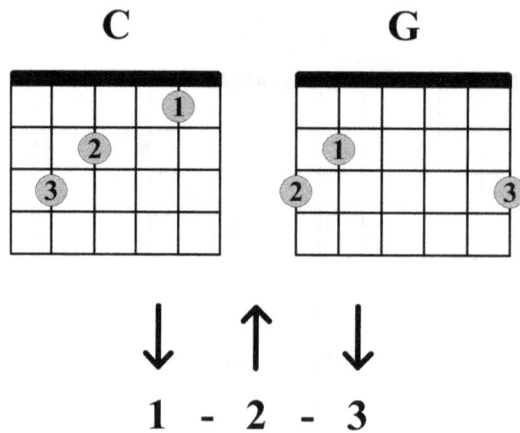

C   G

↓ ↑ ↓
1 - 2 - 3

C   C
In a cavern, in a canyon,
C   G
Excavating for a mine,
G   C
Dwelt a miner forty-niner,
G   C
And his daughter Clementine.
C   C
Oh my darling, oh my darling,
C   G
Oh my darling Clementine,
G   C
You are lost and gone forever,
G   C
Dreadful sorrow Clementine.

24. Daisy Bell

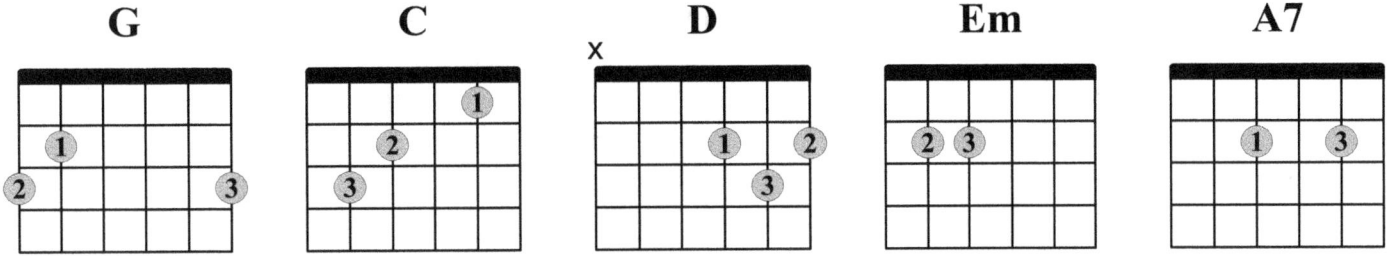

G
Daisy, Daisy,

C   **G**
Give me your answer do

D   **G Em**
I'm half crazy

A7   **D**
All for the love of you

D   **G**
It won't be a stylish marriage

Em   **C G**
I can't afford a carriage

G   **D G**   **D**
But you'll look sweet on my seat

G   **D**   **G**
Of a bicycle built for two.

25. Red River Valley

A   D   E

↓   ↓↑

1 - 2

A **E** **A** From this valley they say you are going		
A **E** I will miss your bright eyes and sweet smile		
A **D** For they say you are taking the sunshine		
E **A** That has brightened our pathway a while.		
A **E** **A** Come and sit by my side if you love me		
A **E** Do not hasten to bid me adieu		
A **D** But remember the Red River Valley		
E **A** And the cowboy who loved you so true.		

26. Aura Lee

| C | Dm | G | E | Fmaj7 |

C	Dm
As the blackbird in the spring

G	C
'Neath the willow tree

C	Dm
Sat and piped I heard him sing

G	C
Singing Aura Lee.

C	E
Aura Lee, Aura Lee

Fmaj7	C
Maid of golden hair

C	Dm
Sunshine came along with Thee

G	C
And swallows in the air.

27. Go Tell It on the Mountain

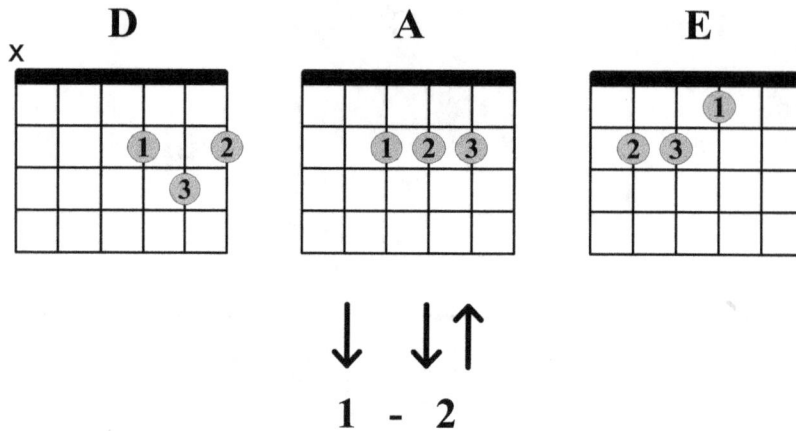

↓ ↓↑

1 - 2

D
Go, tell it on the mountain

A   **D**
Over the hills and everywhere

D
Go, tell it on the mountain

A   **D**
that Jesus Christ is born

D
Down in a lowly manger

A   **D**
The humble Christ was born,

D
And God sent us salvation

E   **A**
That blessed Christmas morn.

D
Go, tell it on the mountain

A **D** Over the hills and everywhere	
D Go, tell it on the mountain	
A **D** that Jesus Christ is born.	

28. My Bonnie Lies over the Ocean

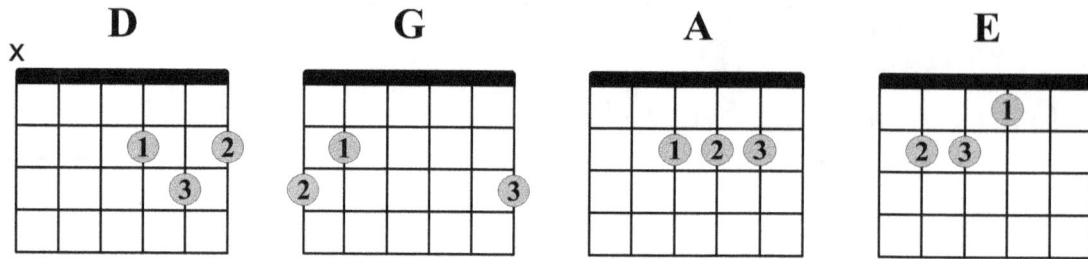

D	**G**	**D**
My Bonnie lies over the ocean,		
D	**E**	**A**
My Bonnie lies over the sea,		
D	**G**	**D**
My Bonnie lies over the ocean,		
G	**A**	**D**
Oh, bring back my Bonnie to me,		
D	**G**	
Bring back, bring back.		
A		**D**
Oh, bring back my Bonnie to me, to me,		
D	**G**	
Bring back, bring back,		
A	**A**	**D**
Oh, bring back my Bonnie to me.		

29. A-Tisket, A-Tasket

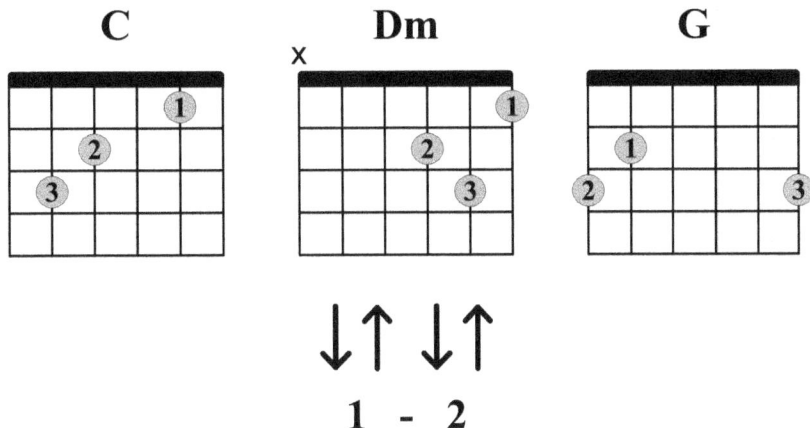

C
A-tisket,   a - tasket,

C
A green and yellow   basket,

Dm
I wrote a letter   to my love

G   C
And on the way I dropped it,

C
I dropped it,   I dropped it

C
And on the way I dropped it.

Dm
A little boy he picked it up

G   C
And put it in   his   pocket.

30. Whispering Hope

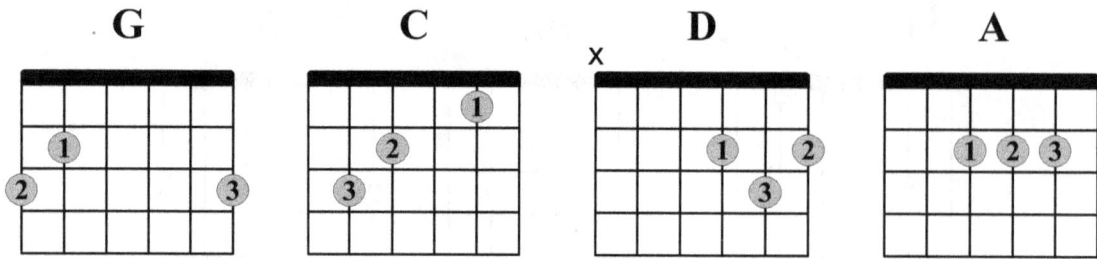

G   C   D   A

G	C	G
Soft as the voice of an angel,		

D		G
Breathing a lesson unheard,		

G		C
Hope with a gentle persuasion		

G	D	G
Whispers her comforting word.		

G		
Wait, till the darkness is over,		

D	A	D
Wait, till the tempest is done,		

G	C	G
Hope for the sunshine tomorrow		

D	G	
After the shower is gone.		

76

D **G**	
Whispering hope, whispering hope	
D **G**	
Oh, how welcome, welcome thy voice,	
C **G**	
Making my heart, making my heart,	
D **G**	
In its sorrow rejoice.	

31. Who's Sorry Now?

C   **E7**   **A7**   **D7**

G   **D**   **F**   **Fm**

↓   ↓↑

1 - 2

C Who's sorry now?
E7 Who's sorry now?
A7   **D7** Whose heart is aching for breaking each vow?
G Who's sad and blue?
C Who's crying too?
D   **G** Just like I cried over you...
C Right to the end,

E7
Just like a friend,

A7   **D**
I tried to warn you, somehow,

F   **Fm**
You had your way,

C   **A7**
Now you must pay,

D   **G**   **C**
I'm glad that you're sorry now.

32. Red Wing

G   **C**   **A**   **D**   **G7**

↓   ↓↑

1 - 2

     G
There once lived an Indian maid,

   C   **G**
A shy little prairie maid,

   C   **G**
Who sang all day a love song gay,

  A   **D**
As on the plains she'd while away the day.

   G
She loved a warrior bold,

   C   **G**
This shy little maid of old,

   C   **G**
But brave and gay he rode one day

 A   **D**   **G**
To battle far away.

G7   **C**   **G**
Now the moon shines tonight on pretty Red Wing,

D	
The breeze is sig - hing,	

G	
The night bird's cry - ing,	

G7 **C** **G**	
For a - far 'neath his star her brave is sleeping,	

D **G**	
While Red Wing's wee - ping her heart away.	

33. Play a Simple Melody

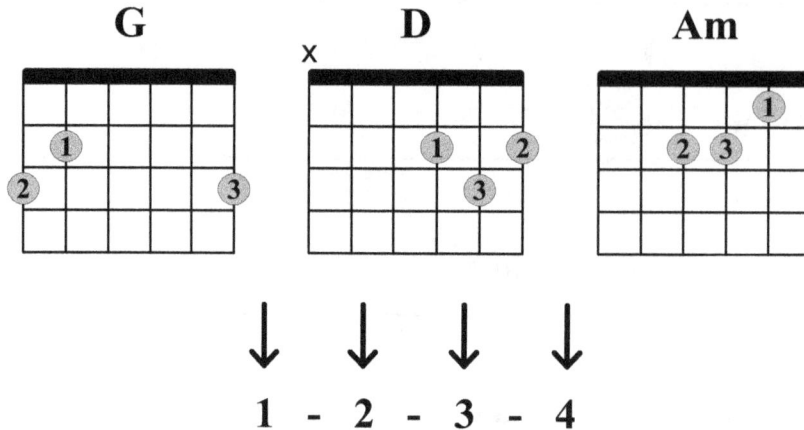

G **D** **Am**

↓ ↓ ↓ ↓

1 - 2 - 3 - 4

G　　　　　　　　　　　**D** Won't you play some simple melody
D　　　　　　　　　**G**　**Am**　**D** Like my mother sang to me?
G　　　　　　　　　　　**D** One with a good old fashioned harmony
D　　　　　　　　**G**　**Am**　**D** Play some simple melody
G Musical demon, set your honey a-dreamin'
D Won't you play me some rag?
D Just change that classical nag
G　**D** To some sweet beautiful drag
G If you will play from a copy of a tune that is choppy

82

D

You'll get all my applause

D

And that is simply because

G

I wanna listen to rag.

34. We Wish You A Merry Christmas

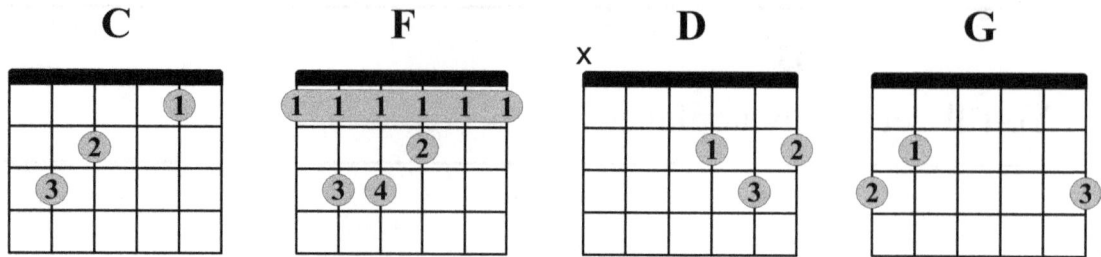

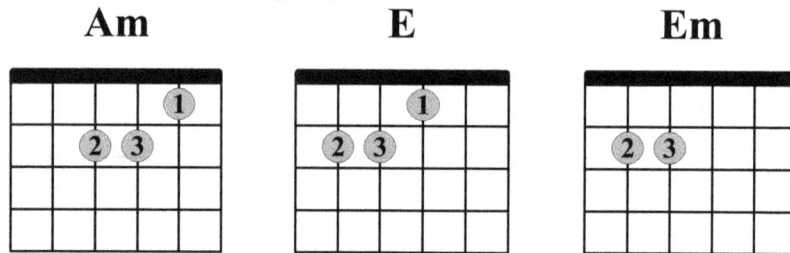

C   F   D   G

Am   E   Em

↓ ↓↑ ↓
1 - 2 - 3

C   **F** We wish you a merry Christmas,
D   **G** We wish you a merry Christmas,
E   **Am**   **F**   **G**   **C** We wish you a merry Christmas and a happy New Year!
C   **G**   **Am**   **G** Glad tidings we bring to you and your kin,
C   **Em**   **F**   **G**   **C** Glad tidings for Christmas and a happy New Year!
C   **F** We wish you a merry Christmas,
D   **G** We wish you a merry Christmas,

| E | Am | F | G | C |
| We wish you a merry Christmas and a happy New Year! |

35. Take Me Out to the Ball Game

C   F   G   Dm   D

↓   ↓↑ ↓   ↓   ↓↑ ↓

1 - 2 - 3   1 - 2 - 3

C **G** Take me out to the ball game,	
C **G** Take me out with the crowd.	
Dm Buy me some peanuts and Cracker Jack,	
D **G** I don't care if I never get back.	
C **G** Let me root, root, root for the home team.	
C **F** If they don't win it's a shame.	
F **C** For it's one, two, three strikes, you're out,	
Dm G C At the old ball game!	

36. Show Me the Way to Go Home

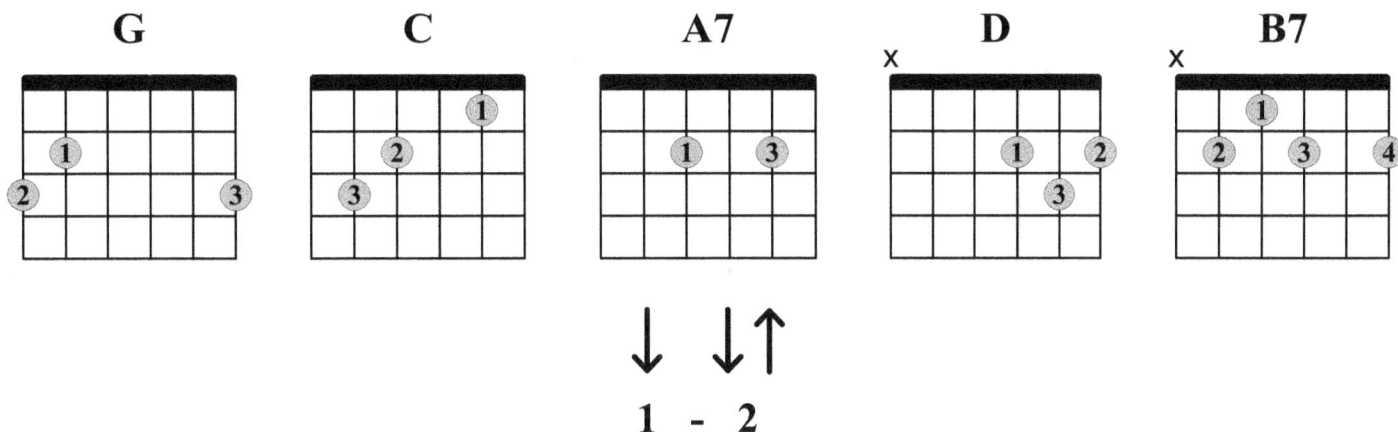

↓ ↓↑

1 - 2

G
Show me the way to go home

C   **G**
I'm tired and I want to go to bed

G
I had a little drink about an hour ago

A7   **D**
And it's gone right to my head

G
Wherever I may roam

C   **B7**
Over land or sea or foam

G
You can always hear me singing this song

C   **D**   **G**
Show me the way to go home.

37. Hallelujah

C **Am** **F** **G** **Em**

↓ ↓↑ ↓

1 - 2 - 3

C   **Am** I've heard there was a secret chord
C   **Am** That David played and it pleased the Lord
F   **G**   **C G** But you don't really care for music, do you?
C   **F**   **G** It goes like this, the fourth, the fifth
Am   **F** The minor fall, the major lift
G   **Em** The baffled king composing
Am Hallelujah
F Hallelujah,
Am Hallelujah,

F
Hallelujah,

C   G   C   Am
Ha - lle-lu - u-u-u - u-jah.

C   -   Am   C

38. Five Foot Two, Eyes of Blue

C   **E7**   **A7**   **D7**   **G7**   **G**

↓ ↓ ↑ ↑ ↓ ↑

1 - & - 2 - & - 3 - & - 4 - &

Dieses Anschlagsmuster haben wir bereits im Buch behandelt. Sie können es wiederholen und durchspielen. Auf jeden Akkord entfällt ein Anschlagsmuster. Hören Sie sich die Audioaufnahme an, um den Rhythmus besser zu verstehen.

C   Five foot two,
E7   Eyes of blue
A7   **A7**   But, oh, what those five feet could do!
D7   Has anybody
G7   **C**   **G**   seen my girl?
C   Turned-up nose
E7   Turned-down hose
A7   **A7**   Never had no other beaus
D7   Has anybody

G7   C   C
seen my girl?

E7
Now if you run into

E7
A five foot two

A7   A7
Covered with fur

D7
Diamond rings

D7
And all those things

G7   G7
Bet your life it isn't her

C
But could she love

E7
Could she woo

A7   A7
Could she, could she, could she coo!

D7
Has anybody

G7   C   C
seen my girl?

39. Molly Malone

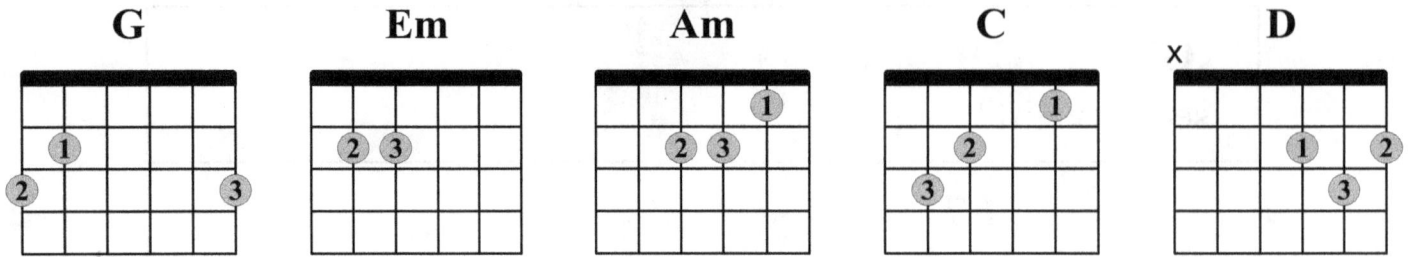

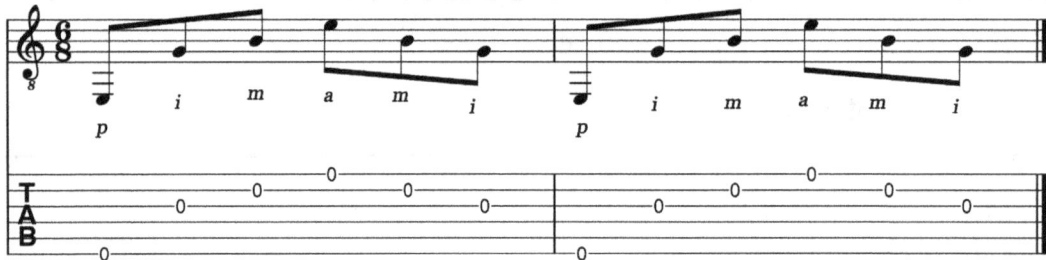

G	Em
In Dublin's fair city	

	Am	D
Where the girls are so pretty		

G	Em	Am	D
I first set my eyes on sweet Molly Malone			

	G	Em
As she wheeled her wheel-barrow		

	Am	D
Through the streets broad and narrow		

	G	C	G	D	G
Crying, "Cockles and mussels, alive, alive, oh!"					

G	Em	Am	D
"Alive, alive, oh		Alive, alive, oh"	

	G	C	G	D	G
Crying "Cockles and mussels, alive, alive, oh"					

40. Twinkle Twinkle Little Star

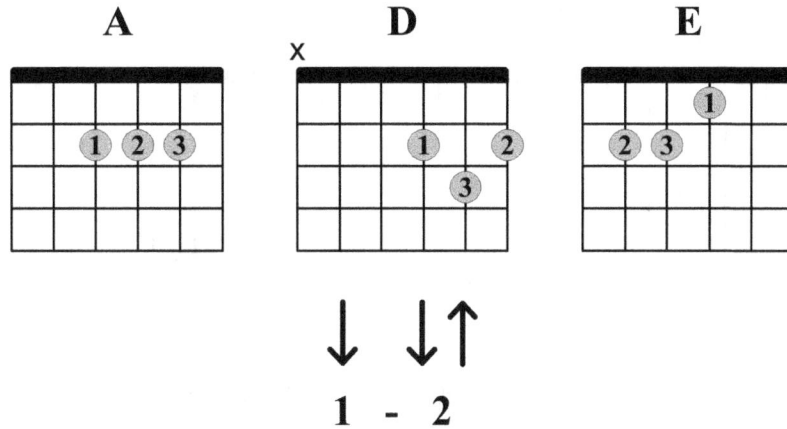

↓ ↓↑

1 - 2

A	**A**	**D**	**A**
Twinkle	twinkle	little	star,

D	**A**	**E**	**A**
How I	wonder what you	are,	

A	**D**	**A**	**E**
Up above	the	world so	high,

A	**D**	**A**	**E**
Like a	diamond	in	the sky,

A	**A**	**D**	**A**
Twinkle	twinkle	little	star,

D	**A**	**E**	**A**
How I	wonder what you	are.	

41. Some of These Days

C   **E7**   **Am**   **A7**

D7   **G**   **F**   **Dm**

↓ ↓↑

1 - 2

C **E7**	
Some of these days	

Am
You'll miss your honey;

E7
Some of these days

Am
You're gonna be so lonely!

A7
You'll miss my hugging

D7
You're gonna miss my kisses

D7
You're gonna miss me, honey

G
When I'm far away

C
I feel so lonely

F
For you only

A7
'Cause you know, honey

Dm
You've always had your way

F
And when you leave me

C   **A7**
You know it's gonna grieve me

Dm
Gonna miss your honey

G
Your little honey

C
Some of these days.

42. Jingle Bells

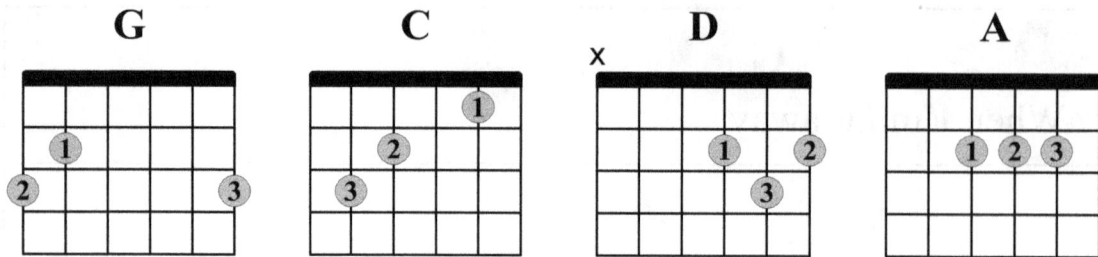

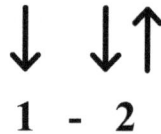

G   C   D   A

↓   ↓↑

1 - 2

G Dashing through the snow
G   **C** In a one-horse open sleigh
C   **D** O'er the fields we go
D   **G** Laughing all the way,
G Bells on bobtails ring,
G   **C** Making spirits bright,
C   **D** What fun it is to ride and sing
D   **G** A sleighing song tonight! Oh,
G Jingle bells, jingle bells,

96

G

Jingle all the way,

C   **G**

Oh, what fun it is to ride

A   **D**

In a one-horse open sleigh. Hey!

G

Jingle bells, jingle bells,

G

Jingle all the way,

C   **G**

Oh, what fun it is to ride

D   **G**

In a one-horse open sleigh!

43. April Showers

C

A

A7

D7

Dm

Dm7

G7

Fm

↓ ↓ ↓ ↓

1 - 2 - 3 - 4

G7   **C** Though April showers may come your way
G7   **C** They bring the flowers that bloom in May
A   **Dm** So if it's raining have no regrets
D7 Because it isn't raining rain you know
G7 It's raining violets.
G7   **C** And where you see clouds upon the hills
A7   **Dm** You soon will see crowds of daffodils

Dm7　　　**Fm**

So keep on looking for a blue bird

C　　　　　**A7**

And list'ning for his song

Dm7　　　**G7**　　　　**C**

Whenever April showers come along.

44. If You Knew Susie

C   **G**   **D**   **D7**   **F**   **Em**

↓ ↓ ↑ ↑ ↓ ↑

1 - & - 2 - & - 3 - & - 4 - &

C　　　　**G**　　　　**C** I have got a sweetie known as Susie;
C　　　　**G**　　　　**C** In the words of Shakespeare, she's a wow
Em Though all of you may know her too
G　　　**D7**　　**G** I'd like to shout right now;
C If you knew Susie, like I know Susie
C　　**G** Oh! Oh! Oh! What a girl
G There's none so classy
G As this fair lassie
G　　**C**　　　**G** Oh! Oh! Holy Moses, what a chassis

C **F** We went riding, she didn't balk	
D Back from Yonkers	
G I'm the one that had to walk	
C **D7** If you knew Susie like I know Susie	
G **C** Oh! Oh! What a girl!	

45. I Belong to Glasgow

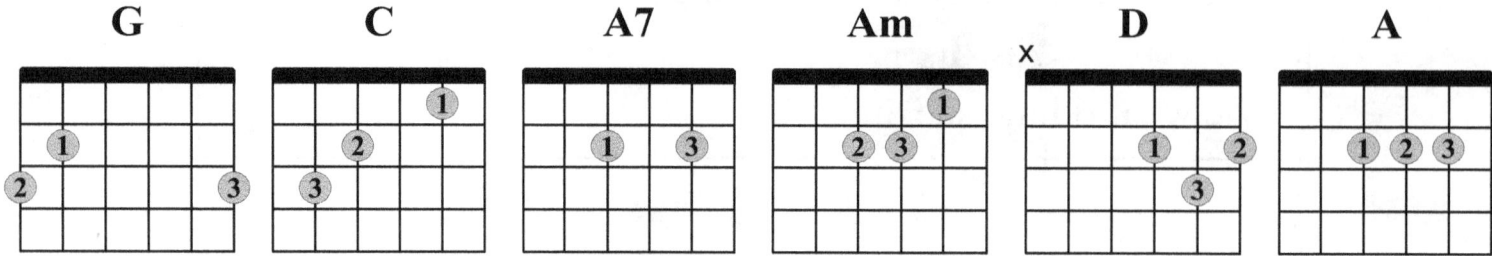

G   **C**   **A7**   **Am**   **D**   **A**

↓   ↓↑   ↓

1 - 2 - 3

G   **D**   **G** I've been wi' a couple o' cronies,
C   **G** One or two pals o' my ain;
Am We went in a hotel, and we did very well,
A7   **D** And then we came out once again;
G   **D** **G** Then we went into another,
C   **G** And that is the reason I'm fu';
A7   **D** We had six deoch-an-doruses, then sang a chorus,
A7   **D** Just listen, I'll sing it to you:
G I belong to Glasgow,

| C   G |
| Dear old Glasgow town; |

| G |
| But what's the matter wi' Glasgow, |

| A7   D |
| For it's goin' roun' and roun'! |

| G   C |
| I'm only a common old working chap, |

| C   G   D |
| As anyone here can see, |

| G   C   G   E7 |
| But when I get a couple o' drinks on a Saturday, |

| A   D   G |
| Glasgow belongs to me! |

46. Barney Google

C   **F**   **G**   **Am**   **D**

↓   ↓↑

1 - 2

C Who's the most important man this country ever knew?
F   **C** I don't know what politician you have reference to?
G   **C** Well, it isn't Mr. Bryan,
G   **Am** And it isn't Mr. Hughes.
G   **D**   **G** I've got a hunch that to that bunch I'm going to introduce.
C Ba - rney Google,
G   **C** With the goo-goo-goo-ga-ly eyes.
C Ba - rney Google
D   **G** Had a wife three times his size

C **F** She sued Barney for divorce	
D **G** Now he's living with his horse	
C Ba - rney Google,	
D **G** **C** With the goo-goo-goo-ga-ly eyes.	

47. The Parade of the Wooden Soldiers

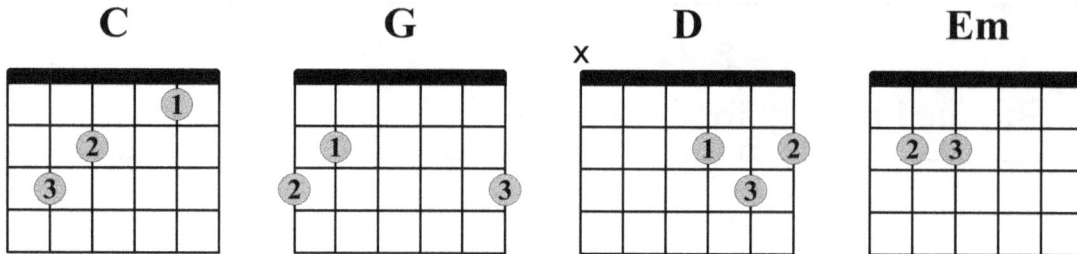

↓ ↓ ↓ ↓↑

1 - 2 - 3 - 4

C   **G** The toy shop door is locked up tight
C   **G** And everything is quiet for the night
C   **G** When suddenly the clock strikes twelve,
D **G** The fun's begun.
C   **G** The dolls are in their best arrayed
C   **G** There's going to be a wonderful parade
C   **G** Hark to the drum, oh here they come
D **G** Cries everyone.
C Hear them all cheering, now they are nearing

G There's the captain stiff as starch.
G Bayonets flashing, music is crashing
C As the wooden soldiers march.
C Sabers a-clinking, soldiers a-winking
Em At each pretty little maid
Em Here they come, here they come
Em Here they come, here they come
D   **G** Wooden soldiers on parade.

48. Beautiful Dreamer

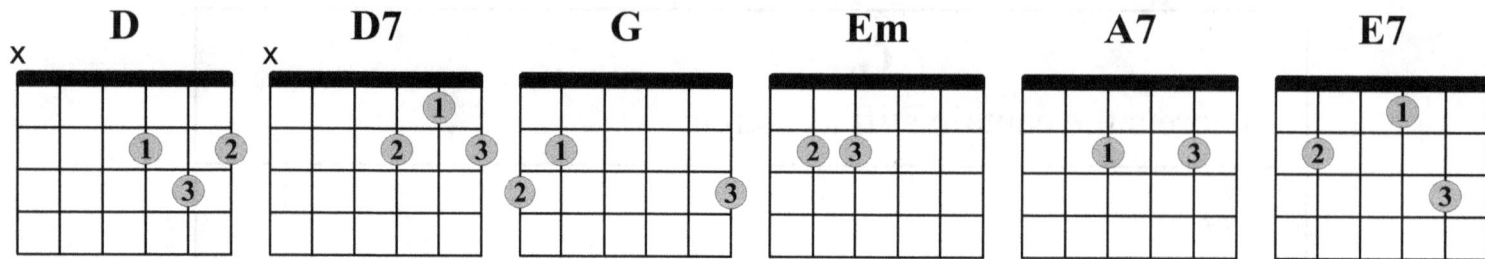

D   D7   G   Em   A7   E7

D   **Em**
Beautiful dreamer, wake unto me,

A7   **D**
Starlight and dewdrops are waiting for thee;

D   **D7**   **Em**
Sounds of the rude world, heard in the day,

A7   **D**
Lulled by the moonlight have all passed away!

A7   **D**
Beautiful dreamer, queen of my song,

E7   **A7**
List while I woo thee with soft melody;

D   **D7**   **Em**
Gone are the cares of life's busy throng,

A7   **D**
Beautiful dreamer, awake unto me!

G	D	A7	D

Beautiful dreamer, awake unto me!

49. The Old Gray Mare

G   **D**   **Em**   **Am**   **C**

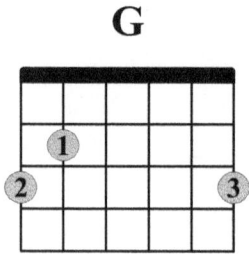 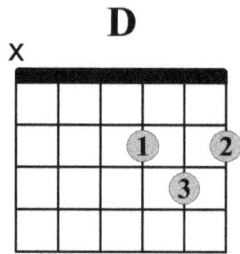 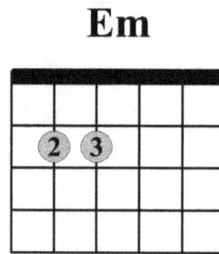 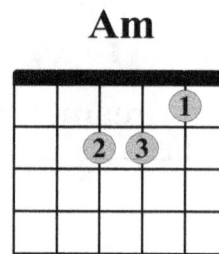 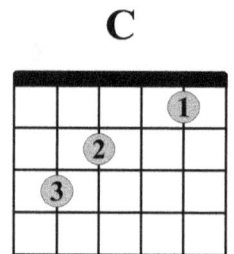

↓   ↓↑

1 - 2

G
The old gray mare,

G
She ain't what she used to be

D
Ain't what she used to be,

G
Ain't what she used to be

G
The old gray mare,

Em
She ain't what she used to be

Am   **D** **G**
Many long years ago.

G   **C** **G**
Many long years ago,

G   **D** **G**
Many long years ago,

G

The old gray mare,

Em

She ain't what she used to be

Am   **D**   **G**

Many long years ago.

50. Jolly Old Saint Nicholas

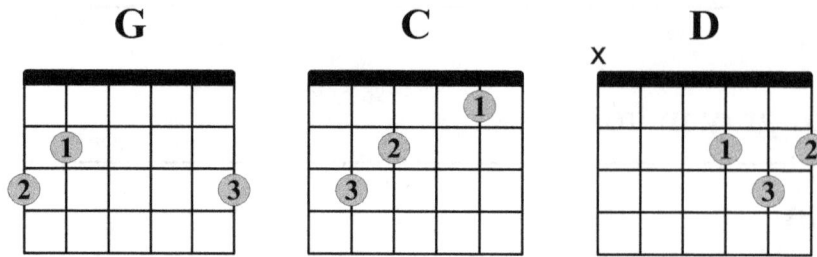

G D C G
Jolly old St. Nicholas, Lean your ear this way!

C G D
Don't you tell a single soul, what I'm going to say.

G D C G
Christmas Eve is coming soon; now, you dear old man,

C G D G
Whisper what you'll bring to me, tell me if you can.

G D C G
When the clock is striking twelve, when I'm fast asleep,

C G D
Down the chimney broad and black, with your pack you'll creep

G D C G
All the stockings you will find, hanging in a row;

C G D G
Mine will be the shortest one, you'll be sure to know.

Gitarren-Intensivkurs
(Kurzer Inhalt des Buches)

Wir leben in einer Zeit, in der sich die Geschwindigkeit des Lebens im Laufe der Jahre vervielfacht hat. Manchmal liegen zwischen der Idee und der Umsetzung nur wenige Minuten – nicht wie noch vor einigen Jahren. Wir wollen alles schnell und am besten einfach bekommen. Aufgrund meines Verständnisses dieser Welt beschloss ich daher, den kürzesten Kurs zum Erlernen der Gitarre zu verfassen.

Ich bin mir sicher, dass Sie nicht viel darüber nachgedacht haben, dass Sie Gitarre spielen lernen möchten.

Ich möchte Ihnen die Möglichkeit geben, dieses Instrument schnell zu verwenden und zu erlernen. Es ist in Ordnung, wenn Ihr Tempo beim Erlernen der Gitarre langsamer ist. Sie können dieses Buch jederzeit durchblättern, die Theorie genauer anschauen und lernen, wie man Gitarre spielt.

Ich wünsche Ihnen viel Erfolg bei diesem Unternehmen!

1. Die Gitarre ist ein sechssaitiges Instrument. Es wird gespielt, indem man mit der linken Hand die Saiten herunterdrückt und mit der rechten Hand die Saiten anschlägt oder zupft.

2. Nehmen Sie auf einer ebenen und (vorzugsweise) stabilen Oberfläche Platz und platzieren Sie die Gitarre so, dass die nach innen gerichtete Krümmung des Korpus auf Ihrem rechten Bein liegt. Halten Sie den Hals des Instruments mit der linken Hand und legen Sie die rechte Hand auf den Korpus der Gitarre.

3. Der rechte Arm sollte entspannt sein und sich vom Ellenbogen abwärts frei bewegen können.

4. Mit den Fingern der linken Hand halten wir die Akkorde gedrückt. Die Finger werden senkrecht zur Oberfläche des Griffbretts der Gitarre platziert. Die Daumenkuppe ruht auf dem Hals gegenüber dem Griffbrett und unterstützt die Finger beim Drücken der Saiten.

5. Der Fingersatz beschreibt die Anordnung und den Wechsel der Finger beim Gitarrenspiel. Die Finger der linken Hand sind vom Zeigefinger bis zum kleinen Finger in der Reihenfolge 1 bis 4 nummeriert.

Die Finger der rechten Hand sind vom Daumen bis zum Ringfinger mit den Buchstaben p i m a beschriftet.

6. Halten Sie mit der linken Hand den ersten Em-Akkord gedrückt. Das Diagramm zeigt den Griff des Akkords. Streichen Sie mit Ihrem rechten Daumen von oben nach unten über alle Saiten und lauschen Sie der Harmonie des Akkords. Achten Sie auf die richtige Positionierung Ihrer Finger. Sie sollten die

benachbarten Saiten nicht berühren und der Klang aller Saiten sollte klingen, ohne zu rasseln. Wenn der Klang der Saiten gedämpft ist, sich nicht ausdehnt oder rasselt, ist es wahrscheinlich, dass Sie entweder die Saiten nicht fest genug drücken oder dass Sie die benachbarten Saiten berühren. Überprüfen Sie dies, indem Sie jede Saite einzeln mit der rechten Hand anzupfen. Haben Sie keine Angst vor schmerzenden Fingern, diese verschwinden, wenn Sie regelmäßig Gitarre spielen.

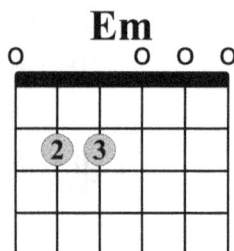

Em

7. Versuchen Sie nun, alle Akkorde in dieser Tabelle zu spielen.

Wenn Sie etwas nicht verstehen oder etwas nicht funktioniert, können Sie sich jederzeit die Fotos und Videos ansehen, die ich angehängt habe (am Anfang des Buches im Hauptkurs).

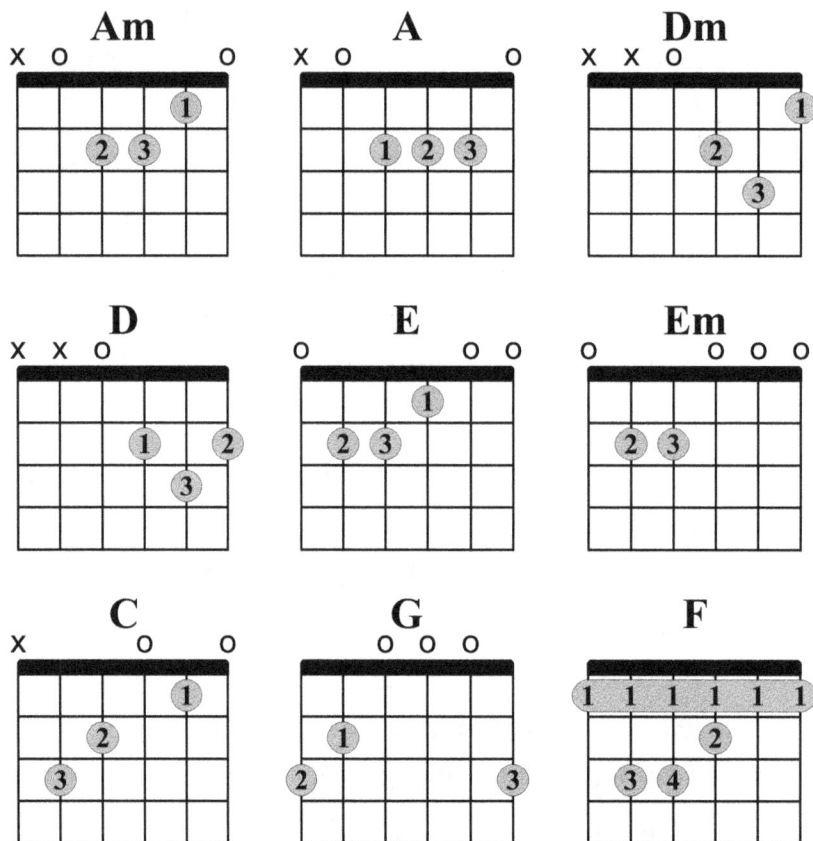

Am **A** **Dm**

D **E** **Em**

C **G** **F**

8. Am schwierigsten ist der F-Akkord, bei dem die Barré-Technik zum Einsatz kommt. Dabei handelt es sich um eine Technik, bei der Sie alle Saiten mit dem Zeigefinger drücken und mit den restlichen Fingern das Akkordmuster aufnehmen. Dieser Akkord gelingt nicht unbedingt auf Anhieb. Lernen Sie zunächst, einfachere Akkorde zu spielen.

9. Dies ist eine weitere einfache Variante des G-Akkordes. Er wird mit dem dritten Finger und dem Daumen gespielt, der das Griffbrett umgreift. Der Daumen berührt die fünfte Saite etwas stärker, um sie zu dämpfen, sodass sie im Akkord nicht zu hören ist.

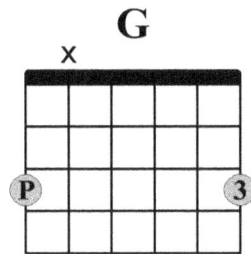

G

10. Die rechte Hand spielt die Begleitung oder das Schlagmuster.

11. Es gibt mehrere beliebte Arten des Anschlags auf der Gitarre. Ich habe sie aufgeschlüsselt, damit Sie lernen, wie man sie spielt.

12. Regeln für die Gitarrenbegleitung:

- Das Schlagmuster wird mit der rechten Hand gespielt.
- Die rechte Hand sollte entspannt sein, damit sie die Saiten frei anschlagen kann.
- Wir schlagen mit vier Fingern nach unten – Zeige-, Mittel-, Ringfinger und kleiner Finger.
- Die Aufwärtsbewegung erfolgt mit der Nagelplatte des Daumens.
- Wir machen mit der Hand einen kleinen Halbkreis. Die meiste Arbeit erledigen wir mit dem Handgelenk, nicht mit dem Unterarm.
- Die Abwärtsbewegung der Hand sollte so sein, als würde man Wasser von der Hand schütteln. Die Hand ist entspannt und der Schlag hat einen kleinen Schwung, ohne die Hand einzuschränken.
- Wenn Sie mit dem Daumen nach oben schlagen, dreht sich das Handgelenk nach oben und Sie können die Handfläche sehen.
- Handrücken und Finger haben beim Spielen eine halbkreisförmige Haltung, so als ob die Hand einen Tennisball halten würde.
- Versuchen Sie zunächst, die Saiten einfach nach oben und unten anzuschlagen und sich dabei an die Regeln zu halten. Wenn alles klappt, fahren Sie mit den Schlagmustern fort.

13. Das erste Muster ist ein „Viererschlag". Es wird in gleichmäßigen Schlägen bis vier gespielt. Schläge werden nur nach unten ausgeführt.

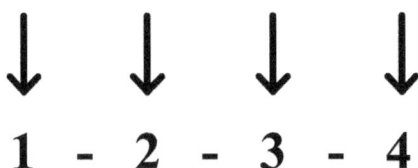

↓   ↓   ↓   ↓

1 - 2 - 3 - 4

14. Eine Variation dieses Musters können gleichmäßige Abwärtsbewegungen sein, bei denen der letzte Schlag in zwei Teile unterteilt ist. Wir zählen zwar auch bis vier, allerdings werden am Ende zwei Schläge anstelle von einem ausgeführt.

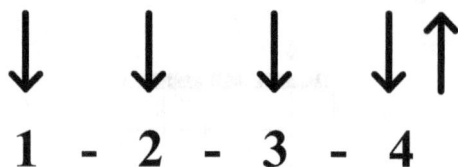

$$\downarrow \quad \downarrow \quad \downarrow \quad \downarrow\uparrow$$

1 - 2 - 3 - 4

15. Das dritte Muster ist zweitaktig, das heißt, wir zählen bis zwei. Es ist kurz und wird hauptsächlich in schnellen Tempi gespielt. Der zweite Schlag erhält zwei Schläge.

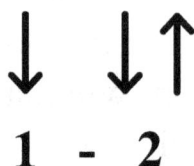

$$\downarrow \quad \downarrow\uparrow$$

1 - 2

16. Das vierte Schlagmuster ist eine „Sechs". Ich habe eine Eselsbrücke entwickelt, die dabei hilft, sich den Rhythmus des Musters, seinen Anfang und sein Ende besser zu merken. Sehen Sie sich das Video an und versuchen Sie, dieses Muster zu spielen, dabei den Rhythmus beizubehalten und die Regeln zu befolgen.

$$\downarrow \quad \downarrow \quad \uparrow \quad \uparrow \quad \downarrow\uparrow$$

Ja, ich spie - le Gi - tar - re

17. Das nächste Muster ist „Die Acht". Dieses Muster können Sie auch mit Worten lernen. Falls Sie Schwierigkeiten haben, schauen Sie sich das Video an und spielen Sie es nach.

$$\downarrow \quad \downarrow \quad \uparrow \quad \uparrow \quad \uparrow \quad \downarrow \quad \uparrow \quad \downarrow \quad \uparrow$$

Ich sin – ge ger – ne Lie – der mit Git – tar – re

18. Eine andere Art von Muster ist der Dreiertakt. Das heißt, wir müssen bis drei zählen, wie bei einem Walzer. Er hat zwar vier Schläge, aber der zweite und dritte Schlag beim Zählen der Zahl Zwei werden schnell gespielt.

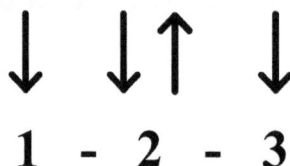

$$\downarrow \quad \downarrow\uparrow \quad \downarrow$$

1 - 2 - 3

19. Abdämpfen des Anschlags.

$$\downarrow \quad \uparrow \quad \downarrow^{*} \quad \uparrow$$

Was bedeutet das Sternchensymbol?

Dies ist ein Zeichen, das eine Technik in der Gitarrenbegleitung bezeichnet, die als Abdämpfen bezeichnet wird. Das heißt, die Saiten werden gedämpft, während Sie spielen.

Die ersten beiden Schläge werden jeweils nach oben und unten ausgeführt. Aber der dritte Schlag erfolgt von oben nach unten. Zuerst schlagen wir mit allen vier Fingern über die Saiten und dämpfen dann sofort die klingenden Saiten mit der Innenseite unserer Handfläche, die vom Daumen bis zum Handgelenk reicht. Der vierte Schlag wird mit dem Daumen nach oben ausgeführt. Dies ähnelt dem Rückstoß, wobei der Daumen als Feder fungiert, die nach oben springt und auf die Saiten trifft. Der dritte Schlag ist gedämpft, der Rest der Schläge ist offen. In diesem Fall verwenden wir eine gerade Zählweise, Sie können also einfach sagen: ein-und-zwei-und. Schauen Sie sich das Video an, in dem ich Ihnen zeige, wie Sie dieses Muster dämpfen und spielen können.

20. Es sieht so aus, als hätten Sie gelernt, mehrere Schlagmuster zu spielen. Es gibt eine große Vielfalt davon und wenn Sie die Grundprinzipien der Schlagmuster kennen, können Sie schnell viele andere erlernen.

Spielen Sie nun ein Muster und fügen Sie Akkorde hinzu. Platzieren Sie einen beliebigen Akkord, spielen Sie das Muster mit der rechten Hand, ändern Sie dann den Akkord und spielen Sie das Muster erneut.

Sie können den Akkordwechsel separat üben, da Sie ihn schnell ausführen müssen. Wenn Sie das Schlagmuster auf natürliche und einfache Weise spielen können, wird Ihre linke Hand lernen, die Akkorde schnell zu wechseln, und Sie können mit dem Erlernen Ihrer Lieblingslieder beginnen.

Am Ende des Hauptteils, auf den Seiten 45 – 112, habe ich eine Liedersammlung beigefügt. Ich bin mir sicher, dass Sie unter ihnen Ihren Favoriten finden werden.

21. Arpeggios spielen. Dies ist eine andere Art der Lautartikulation. Sie verwenden Ihren rechten Daumen, um den Bass zu spielen, also die sechste, fünfte oder vierte Saite, und Ihren Zeige-, Mittel- und Ringfinger, um die ersten drei Saiten zu spielen. Daher der Name Arpeggio- oder Fingerstyle-Spiel.

22. Genau wie bei den Schlagmustern gibt es viele Arten von Arpeggios. Wir werden uns nur auf vier davon konzentrieren.

23. Wie lese ich die Tabs?

Die horizontalen Linien sind die Saiten und die Zahlen darauf sind die Bundnummern. Das bedeutet, dass wir zuerst die Basssaite mit dem Daumen anschlagen sollten, in diesem Fall ist es die sechste Saite. Dann zupfen wir mit dem Zeigefinger die dritte Saite, mit dem Mittelfinger die zweite Saite und mit dem Ringfinger die erste Saite an und gehen dann in umgekehrter Reihenfolge zurück.

In diesem Beispiel steht auf der Tabulatur nur die Zahl 0, die für die offene

Saite steht, die nicht heruntergedrückt wird. Wenn eine andere Zahl notiert ist, müssen wir mit der linken Hand die Saite auf dem Bund drücken, der durch die Zahl gekennzeichnet ist.

Versuchen Sie zunächst auf den leeren Saiten zu spielen, nehmen Sie dann einen Am-Akkord und spielen Sie dieses Arpeggio-Muster mit diesem Akkord.

24. Versuchen Sie, jede Art von Arpeggio zu spielen. Wenn Sie Schwierigkeiten damit haben, sehen Sie sich das Video an oder schauen Sie im Buch nach, um weitere Einzelheiten zu erfahren.

25. Beim Spielen von Arpeggios können wir die Basssaiten abwechseln. Wenn wir beispielsweise einen bestimmten Akkord über einen längeren Zeitraum spielen, ist es am besten, die Basssaiten zu wechseln.

26. Es gibt bestimmte Regeln für alternierende Saiten. Für Em-, F- und G-Akkorde verwenden wir die sechste Saite als Basssaite.

Für Am-, A- und C-Akkorde verwenden wir die fünfte Saite als Basssaite.

Bei Dm- und D-Akkorden verwenden wir die vierte Saite für den Bass.

Der Wechsel der Basssaiten für Em-, F- und G-Akkorde besteht aus den Saiten 6 und 4. Das heißt, wir spielen den Em-Akkord mit der Saite 6 als Bass, spielen das Arpeggio, wählen dann die Basssaite 4 und spielen das Arpeggio erneut. Grundsätzlich müssen Sie nach jeder Bassnote das Arpeggio-Muster durchlaufen. Wenn dies verwirrend ist, lesen Sie im Buch nach, um weitere Einzelheiten zu erfahren.

27. Ich habe versucht, die wichtigsten Dinge zum Erlernen des Gitarrenspiels in diesem Intensivkurs zusammenzufassen.

Geben Sie Ihr Bestes und üben Sie regelmäßig. Wenn etwas nicht klappt, verzweifeln Sie nicht und streben Sie danach, besser zu werden. Entwickeln Sie sich kontinuierlich weiter. Lassen Sie mein Buch zu Ihrem Leitfaden in die Welt der Musik, Gitarre und Lieder werden!

Alle Videos (Wiedergabeliste)

Alle Videos befinden sich auch in der Playlist auf YouTube:

oder Link:

cutt.ly/ewU5BSXg

C   C♯ / D♭   D   D♯ / E♭

C	C♯	D	D♯
Cm	C♯m	Dm	D♯m
C7	C♯7	D7	D♯7
Cm7	C♯m7	Dm7	D♯m7
Cdim7	C♯dim	Dmaj7	D♯dim7
Cmaj7	C♯maj7	D6	D♯maj7

E

E
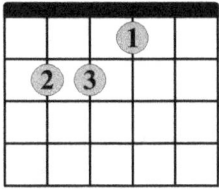

Em
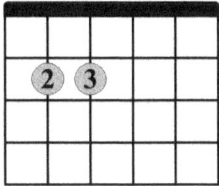

E7
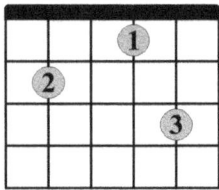

Em7
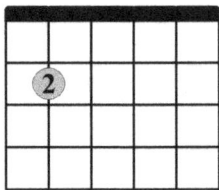

Edim7
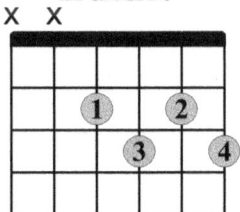

Emaj7
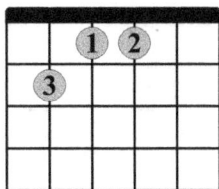

F

F
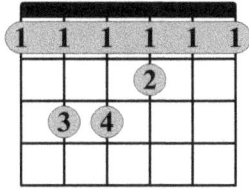

Fm
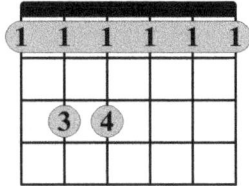

F7
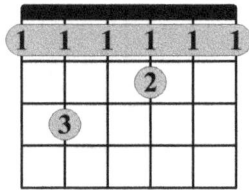

Fm7
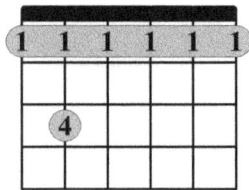

Fdim
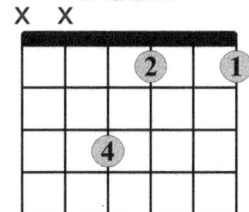

Fmaj7
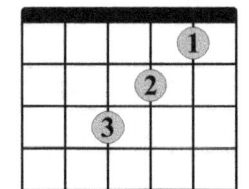

F# / G♭

F#
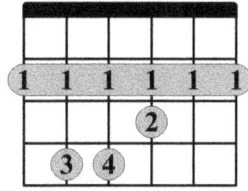

F#m
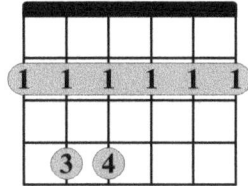

F#7
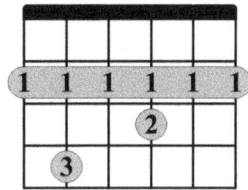

F#6
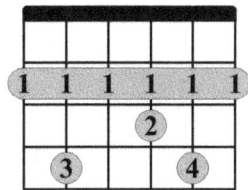

F#sus4
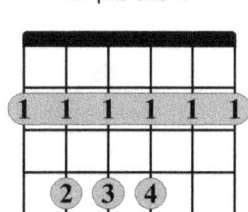

F#maj7
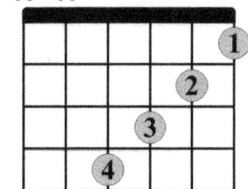

G

G
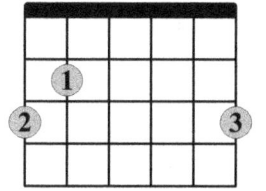

Gm
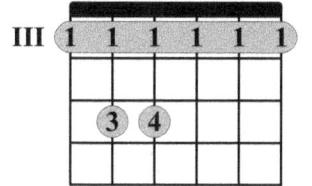

G7
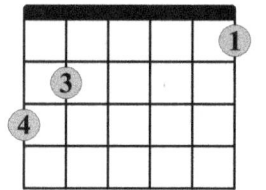

G6
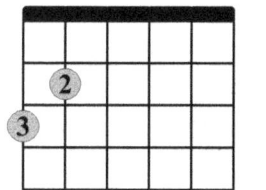

Gdim7
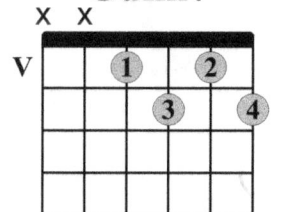

Gmaj7
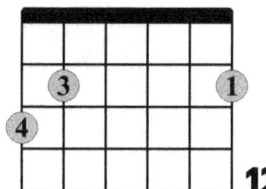

G# / A♭

G#
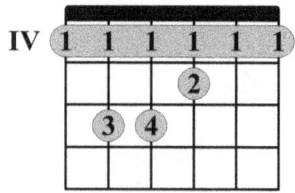

G#m
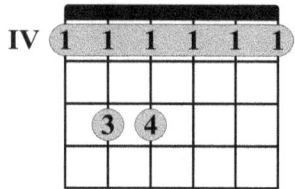

G#7
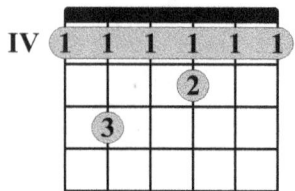

G#m7

G#dim7
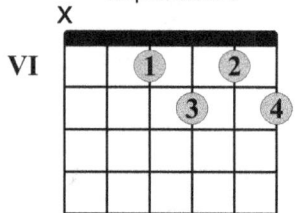

G#sus4
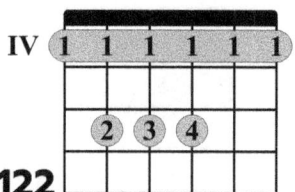

A

A
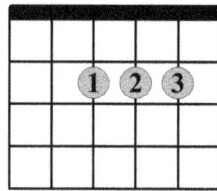

Am
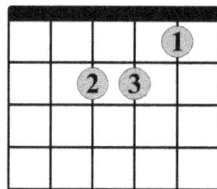

A7
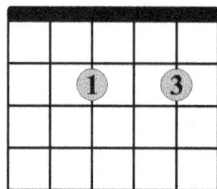

Am7
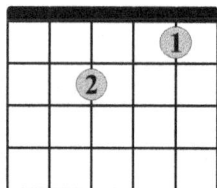

Amaj7
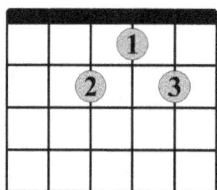

A6
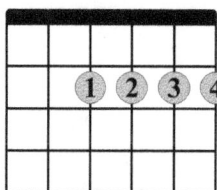

A# / B♭ (B)

A#
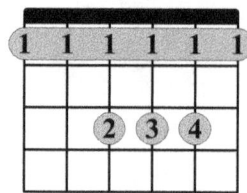

A#m
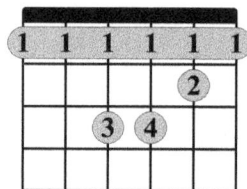

A#7
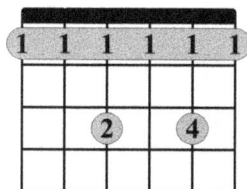

A#m7
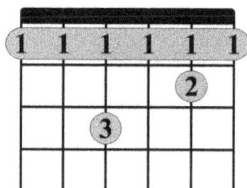

A#dim7
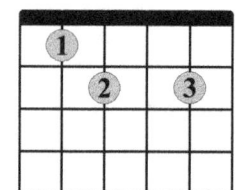

A#m6
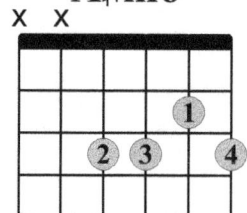

B (H)

B
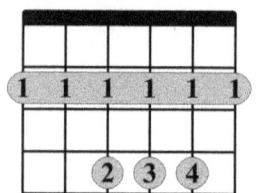

Bm
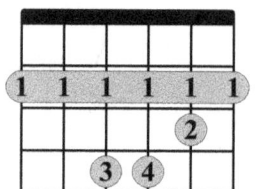

B7
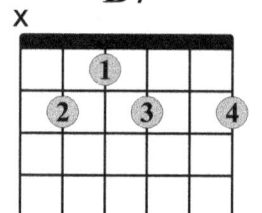

Bm7
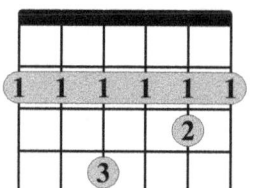

Bdim7
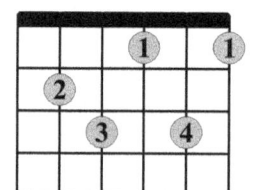

Bm6
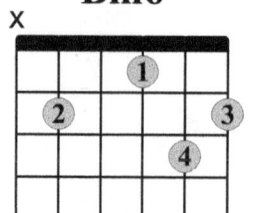

Sie können die PDF-Datei herunterladen (Tabelle der häufigsten Akkorde)
über einen Direktlink:

cutt.ly/AwUNPMX3

oder scannen Sie den QR-Code:

Diese Akkorde sind Empfehlungen. Sie können auch einen anderen
Fingersatz verwenden.

Es ist ganz einfach, seine Lieblingslieder auf dem Klavier spielen zu lernen!

Das Klavier ist heute das wohl beliebteste Musikinstrument der Welt. Dieses Instrument zu spielen, wird ein unvergessliches Erlebnis für dich sein.

Das Buch enthält Musiktheorie, praktische Übungen und 60 beliebte Lieder für Kinder und Jugendliche.

Die Autorin des Buches, Avgusta Udartseva, ist eine enge Freundin von mir und so kann ich dir ihr Buch zum Klavier lernen nur wärmstens empfehlen!

Deutschland

Die Sopranblockflöte ist ein sehr beliebtes Musikinstrument bei Kindern im Alter von 8-14 Jahren und wird oft sogar in Schulen unterrichtet.

Sie ist das einfachste Blasinstrument für Anfänger. Du hörst ungewöhnliche und faszinierende Klänge, die du selbst erzeugst! Es kann zu einer großartigen Erfahrung werden: Man bedenke, dass man dieses Instrument in nur ein paar Unterrichtsstunden lernen kann!

Das Buch enthält auch grundlegende Musiktheorie, praktische Übungen und 60 Lieder. Avgusta hat zusätzlich Videos aufgenommen, die du dir online ansehen kannst, um das Blockflötenspiel leicht zu erlernen.

Deutschland

www.ingramcontent.com/pod-product-compliance
Lightning Source LLC
Chambersburg PA
CBHW081944070426
42450CB00015BA/3331